HELOISA MURGEL STARLING
MIGUEL LAGO
NEWTON BIGNOTTO

Linguagem da destruição

A democracia brasileira em crise

Companhia Das Letras

Copyright © 2022 by Os autores

Grafia atualizada segundo o Acordo Ortográfico da Língua Portuguesa de 1990, que entrou em vigor no Brasil em 2009.

Capa
Alceu Chiesorin Nunes

Imagem de capa
C Design Studio/ Shutterstock

Preparação
Cacilda Guerra

Revisão
Camila Saraiva
Clara Diament

Dados Internacionais de Catalogação na Publicação (CIP)
(Câmara Brasileira do Livro, SP, Brasil)

Starling, Heloisa M.
  Linguagem da destruição : A democracia brasileira em crise /
Heloisa Murgel Starling, Miguel Lago, Newton Bignotto — 1ª ed.
— São Paulo : Companhia das Letras, 2022.

  ISBN 978-65-5921-217-0

  1. Brasil – Política e governo 2. Ciência política 3. Sociologia
– Brasil I. Lago, Miguel. II. Bignotto, Newton. III. Título.

22-101624   CDD-320.981

Índice para catálogo sistemático:
1. Brasil : Política e governo 320.981

Eliete Marques da Silva – Bibliotecária – CRB-8/9380

[2022]
Todos os direitos desta edição reservados à
EDITORA SCHWARCZ S.A.
Rua Bandeira Paulista, 702, cj. 32
04532-002 — São Paulo — SP
Telefone: (11) 3707-3500
www.companhiadasletras.com.br
www.blogdacompanhia.com.br
facebook.com/companhiadasletras
instagram.com/companhiadasletras
twitter.com/cialetras

Sumário

Introdução. 7

1. Como explicar a resiliência de Bolsonaro?. 19
Miguel Lago

2. Brasil, país do passado. 70
Heloisa Murgel Starling

3. Bolsonaro e o bolsonarismo entre o populismo
e o fascismo. 120
Newton Bignotto

Introdução

Nós temos é que desconstruir muita coisa.
Jair Messias Bolsonaro, março de 2019

São Paulo, domingo, 21 de outubro de 2018. A uma semana do segundo turno das eleições presidenciais, milhares de manifestantes tomaram a avenida Paulista, formando uma aquarela de diferentes tons de amarelo — sobretudo os do uniforme da Confederação Brasileira de Futebol ou da camisa de campanha com os dizeres "O meu partido é o Brasil". Políticos e ativistas discursavam em carros de som, até que num telão apareceu aquele que todos vinham escutar, o candidato à Presidência da República Jair Messias Bolsonaro. Recuperando-se ainda da facada sofrida um mês e meio antes, o ex-capitão transmitia a mensagem final à sua militância. Começou exaltando os presentes: "Nós somos a maioria. Nós somos o Brasil de verdade. Junto com esse povo brasileiro construiremos uma nova nação". Em seguida, dirigiu com veemência todo o seu ódio a seus opositores, ameaçando: "A faxina agora será muito mais ampla", "Ou vão pra fora ou vão pra cadeia", "Petralhada vai tudo pra ponta da praia".* Em dez minutos de discurso, Bolsonaro prometia uma só coisa: a morte.

E ele honrou sua palavra. O ano de 2021 termina como o mais mortal da história do país, superando o recorde de mortalidade atingido em 2020, segundo ano de seu governo. No passado, o Brasil viveu guerras, revoltas e epidemias, mas nada se compara ao saldo destes últimos dois anos. O ano de 2021 termina também com a volta definitiva do Brasil ao mapa da fome, que assola o cotidiano de dezenas de milhões de cidadãs e cidadãos. A crise humanitária se dá em meio a ameaças de instabilidade institucional, de ameaças à Suprema Corte e de mobilização contínua do quarto demográfico desta terra que segue religiosamente o presidente, parte significativa do qual está armada.

Bolsonaro e o bolsonarismo são fenômenos que desafiam as análises racionais. Como explicar o sucesso eleitoral do cavaleiro da morte? Como explicar um apoio tão popular e sincero a Bolsonaro, a despeito das mais de 600 mil vidas ceifadas por um vírus desenfreado com o qual os atos do mandatário diretamente contribuíram?

A chegada de Bolsonaro à Presidência desencadeou uma tempestade política e intelectual. Diante da força destrutiva do

---

* A expressão "ponta da praia" faz referência a uma gíria usada por militares no período da ditadura para se referir a um centro militar usado clandestinamente para interrogatório de presos políticos com prática de tortura e condições para desaparecimento de cadáveres. O nome originalmente alude à área militar da Marinha situada na Restinga da Marambaia, no bairro carioca de Barra de Guaratiba, onde os corpos de presos políticos mortos na tortura eram enterrados.

novo poder, estudiosos das mais diversas tendências teóricas passaram a investigar de maneira rigorosa os novos fenômenos sociais, em busca de uma chave que pudesse abrir as portas para a compreensão de um mundo diferente daquele em que vivemos no Brasil desde a implantação da nova Constituição, em 1988. Seria impossível mapear todos os caminhos percorridos pelos pensadores brasileiros que, desde o ano de 2013, quando a cena pública foi sacudida por gigantescas manifestações, se puseram a campo para tentar compreender o que estava acontecendo. No terreno de uma crise sem precedentes, conceitos e ideias oriundos de várias tradições de pensamento foram mobilizados, buscando encontrar uma explicação para as ameaças que começaram a pairar sobre um regime que poucos anos antes era considerado por boa parte dos estudiosos da democracia suficientemente sólido para resistir a embates políticos internos. Pelo menos até 2014, qualquer indicador de curto prazo usado para medir a qualidade da democracia em um país — comparativo, procedimental ou histórico — confirmava que escolhas sensatas haviam sido feitas no Brasil, e a nação dispunha de um sistema político democrático fortalecido e razoavelmente consolidado, ainda que recente. Por exemplo: firmou-se o entendimento de que a autorização popular por meio do voto é o único caminho legítimo de acesso ao poder político; as eleições ocorreram regularmente e não existiram problemas nem na transmissão de poder nem na aceitação do resultado eleitoral — e aconteceram mais transmissões de poder entre 1985 e 2015 do que em qualquer outro período da nossa história republicana; além disso, o catálogo de direitos, sobretudo os civis, foi consideravelmente ampliado.

A novidade, hoje, é a ação de desmanche da democracia praticada por governantes eleitos, mas que caminham firmes em direção ao autoritarismo. Em vez de comandarem uma mudança abrupta em que o regime democrático será demolido de maneira inconfundível como no passado, com um golpe de Estado, eles avançam de modo sistemático numa corrosão por dentro do sistema. Utilizam atos e ações com efeito cumulativo para degradar a ordem política, destruir os mecanismos de representação, minar o sistema judicial e a mídia, erodir as instituições, uma a uma, até o colapso final. Isso não ocorre em um país só; pode-se dizer que o fenômeno é global e está moendo a democracia em vários pontos do planeta: Viktor Orbán, na Hungria; Recep Erdoğan, na Turquia; Vladimir Putin, na Rússia; Hugo Chávez e Nicolás Maduro, na Venezuela; Andrzej Duda e o partido Lei e Justiça (Prawo i Sprawiedliwość, pis), na Polônia; Narendra Modi, na Índia; Donald Trump, nos Estados Unidos; Rodrigo Duterte, nas Filipinas; Volodymyr Zelensky, na Ucrânia; Jair Bolsonaro, no Brasil.

O intenso debate em torno das novas formas de governo alinhadas com o ideário de extrema direita pôs em circulação um vocabulário político e conceitual que, evocando experiências do passado, revelou o desafio que é pensar em regimes que atacam abertamente os valores democráticos. Conceitos como totalitarismo, fascismo, populismo se juntaram a vocábulos como biopolítica, necropolítica, neofascismo para constituir um conjunto de referenciais teóricos que tem sido mobilizado em várias esferas de debate. Nenhum desses conceitos, quando tomado isoladamente, parece circunscrever por completo fenômenos como o bolsonarismo. O caráter singular das experiências atuais motiva a busca por pontos de vista conceituais que ajudem a iluminar aspectos inovadores da aplicação de políticas de desmantelamento institucional e de atentado à vida da população. Essas ações são diferentes do que se verificou em outros momentos históricos, quando a democracia foi posta em questão. Como explicar o bolsonarismo ainda é uma questão em aberto.

Este livro é uma contribuição que se inscreve nesse movimento de acadêmicos e intelectuais brasileiros que tentam decifrar o fenômeno, e pretende dialogar com as análises em curso.

A pandemia de covid-19 afetou de maneira desproporcional as diversas camadas da população brasileira. Os três autores, professores universitários, tiveram o privilégio de poder se confinar em casa por quase dois anos. Vivendo em diferentes cidades, dois em Belo Horizonte e um no Rio de Janeiro, tiveram de recorrer às ferramentas de teleconferência para trocar ideias em torno do objeto de estudo. Até o fechamento deste livro, a historiadora Heloisa Murgel Starling, o filósofo Newton Bignotto e o cientista político Miguel Lago ainda não se encontraram fisicamente. Heloisa e Newton, ambos de Minas, são parceiros de longa data e têm um histórico de colaborações. Ambos tiveram a iniciativa de convidar para este trabalho um jovem cientista político que não conheciam pessoalmente, mas cujos textos liam com frequência. O presente livro é fruto da confiança e da troca que se estabeleceu de maneira totalmente telemática. Não teria sido possível escrever a seis mãos, à distância, não fossem as duas principais convergências dos autores: a de que o bolsonarismo é uma nova linguagem e que Bolsonaro tem como único norte a destruição. Trata-se de mais do que afinidades analíticas. Na ausência de contato físico e do olho no olho, elas se tornaram em alguma medida o próprio espaço em que se deu esse encontro.

Washington, domingo, 17 de março de 2019, oito horas da noite. Em jantar na residência do embaixador brasileiro, Jair Bolsonaro deixou claro que conceber um projeto para o Brasil não fazia parte dos propósitos de seu governo. Ele tomara posse havia poucos meses e se apresentou aos convidados como um líder "ungido pela vontade de Deus" na Presidência da República. Terminou o discurso indo muito além do que se esperava: "O Brasil não é um terreno aberto, onde nós pretendemos construir coisas para o nosso povo", anunciou às autoridades da sua comitiva e a um punhado de convivas da extrema direita norte-americana. "Nós temos é que desconstruir muita coisa, desfazer muita coisa para depois recomeçarmos a fazer", reiterou. Também avisou que a etapa seguinte, de refazimento, não seria com ele: "Que eu sirva para que, pelo menos, eu possa ser um ponto de inflexão, já estou muito feliz".

Prometeu e cumpriu. Pela primeira vez na sua história, falta ao Brasil um propósito de futuro. Projetar uma visão de país revela o modo como um governante pretende converter palavras em ação. Um projeto de futuro diz muito sobre as qualidades e as intenções de um governo — revela uma maneira de governar e sua capacidade de imaginar políticas para enfrentar os dilemas, as fragilidades e as soluções malogradas que foram fabricadas e se combinaram ao longo do tempo.

Não temos referência histórica para a situação em que nos encontramos hoje. Mas algo deu errado no nosso projeto de futuro. O plano de poder de Bolsonaro é inédito e sustenta uma empresa de destruição. É claro que não se trata de pensar que todas as ações do governo e de seus apoiadores são calculadas e pautadas por um projeto racional que indica todos os caminhos a serem percorridos. Olhando, no entanto, para o que foi feito até aqui, o observador externo pode ser levado a concluir que o governo sabe o que quer e que a desconstrução tem método. "Dos muitos canteiros de obra onde trabalham as turmas bolsonaristas de demolição", observou o cineasta João Moreira Salles, "nenhum é mais espetacular do que a Amazônia. Ali se destrói sem pôr nada no lugar, em troca de nada — é o verdadeiro manifesto político do movimento."

Bolsonaro atribuiu à desconstrução um papel central em seu

governo e conseguiu normalizar, até agora, em uma situação permanente, as três crises superpostas que o Brasil atravessa na atualidade. A economia entrou em parafuso a partir de 2014, não se recuperou inteiramente da recessão de 2015-6 e sua natureza desigualitária cresceu em consequência da semiestagnação da renda a partir de 2017 e 2019. A segunda crise, de natureza política, agravou as disfunções no sistema de representação e abriu as portas para os descaminhos pelos quais o país enveredou. Ficaram evidentes tanto as condições de exacerbação da polarização extremada na sociedade e no sistema partidário quanto o retrocesso geral do sistema de partidos e a emergência e cristalização política de crenças e concepções autoritárias, excludentes, moralistas e discriminatórias. A terceira crise, a emergência sanitária e de saúde causada pela pandemia de covid-19, expôs a extensão e a profundidade de um país escandalosamente desigual. O vírus é aleatório e pode infectar qualquer um. Mas a doença e as mortes "têm cor, classe social, idade, localização no espaço, escolaridade", conforme escreveu o filósofo Marcos Nobre. "Atingem com desproporcional dureza a população negra, pobre, idosa, moradora das muitas periferias, de menor escolaridade e sem acesso à internet."

Normalizar crises superpostas mantém aceso o clima generalizado de estresse institucional. Aplana terreno e cria oportunidades para que o governo Bolsonaro escale o trabalho de destruição em curso. Uma coisa não vem sem a outra. Fomentar crises é o complemento necessário ao seu propósito de corroer, de dentro para fora, as instituições democráticas e as unidades vitais da máquina pública. Sem estrondo, os órgãos são erodidos um a um: ou pela ação de figuras medíocres alçadas à chefia e a cargos administrativos estratégicos, ou por cooptação. As nomeações do governo atendem a um propósito: indicar inimigos das próprias instituições para seu comando, visando contribuir para a desconstrução mais ampla do Estado.

As escolhas para a chefia de órgãos públicos e ministérios são feitas a dedo. Temos no comando das agências do Estado um punhado de personagens ordinários egressos de grupos residuais presentes em todas as classes sociais e que formam uma espécie de refugo. E o fato de suas trajetórias profissionais pregressas terem sido pouco relevantes ou mesmo um fracasso é o ponto alto de sua atração para o projeto de demolição do governo. Seu alimento ideológico é o ressentimento; esses personagens almejam um tipo de reconhecimento que não se importa com o preço da destruição. Uma vez que as instituições não se protegem sozinhas, sem a reação da sociedade não restam boas alternativas: elas podem se apequenar, a paralisia pode se manter indefinidamente, elas podem desmoronar uma depois da outra. Ou, no limite, se comportar no sentido oposto àquele para o qual foram criadas.

Também aqui não há paralelo histórico. Até a eleição de 2018, nenhum governante legitimamente eleito se aproveitou da chegada ao poder para degradar o sistema político, minar a ordem democrática e corroer as instituições até o colapso final. O método de destruição adotado faz uso de diversas ferramentas. Uma delas, a linguagem. No caso de Bolsonaro, a linguagem é truculenta, as frases são mal articuladas e o repertório, limitado. O governante diz uma coisa só, repetidamente, em volume máximo. O objetivo é a transformação do divergente em inimigo. Mas com um detalhe: é preciso envilecer esse inimigo.

O aviltamento da linguagem serve como índice de degradação das normas e princípios que regram a República e a democracia. Não é difícil verificar seu avanço. Na reunião do ministério ocorrida em 22 de abril de 2020 no Palácio do Planalto, por exemplo, tão importante quanto o que foi dito é a maneira como foi dito. A concordância capenga, as regências erradas, os neologismos cafajestes, a profusão de palavrões. Alguma coisa está sendo arrasada naquele lugar pela linguagem ali empregada. O local onde a reunião acontece e tudo que o rodeia são a República. Além de um conjunto de valores civilizatórios: o letramento, o conhecimento, a cultura. Essa nova e contrastante linguagem é também reveladora de que duas situações de emergência política estão perigosamente próximas de nós. A primeira, a do momento em que vai ocorrer a passagem da violência vocabular para a violência política. A segunda, a do ponto em que o uso dessa linguagem se constitui como sintoma das condições e do estado em que se encontra a democracia brasileira.

O que pretendemos neste livro é examinar a originalidade da empresa de aniquilamento embutida no plano de poder bolsonarista e sua natureza política, além de tentar capturar algumas de suas manifestações constitutivas. Nossa hipótese é a de que há um projeto de poder em andamento operando por meio de um extenso e metódico processo de destruição da ordem democrática, inédito na história política e social do Brasil. Nosso objetivo é explorar a originalidade desse projeto: a emergência de ingredientes totalitários brotando dentro da sociedade democrática contemporânea brasileira pela ação de um governante com vocação para autocrata.

Não se trata, evidentemente, de oferecer ao leitor um modelo do Estado nazista, fascista ou stalinista em fisionomia futurista — o que ocorre no Brasil não tem a forma de um regime político. São ainda os ingredientes reveladores de uma espécie de essência totalitária que atravessam a sociedade democrática fluindo silenciosamente por meio de "correntes subterrâneas". Esses ingredientes podem inflar, subir à superfície e se cristalizar, seja no feitio de um repertório ideológico, seja assumindo a feição de movimentos políticos extremos — ambos assustadoramente atuais. Por exemplo: podem inclinar a sociedade na direção de formas exacerbadas de autoritarismo que contam já com alguns enxertos totalitários. Ou, então, simplesmente atuar no sentido de disseminar o ódio, provocar, intimidar e incapacitar possíveis resistências — e incluir, entre os principais alvos, lideranças políticas e ativistas de oposição; artistas, professores e universidades; jornalistas e meios de comunicação; sistema judicial e corte suprema. E esses são, também, ingredientes em condições de fornecer soluções totalitárias a governantes dispostos a se perpetuar no poder, mas desejosos de conferir ao próprio governo uma fina capa democrática.

Examinaremos algumas manifestações constitutivas desse plano de poder que marcam rupturas no experimento democrático e no pacto constitucional. Foram escolhidas prioritariamente manifestações capazes de revelar a originalidade contida na ação de desmanche da ordem democrática e no esgarçamento de suas instituições, a começar pela impassibilidade e indiferença com que o presidente da República e seu governo adotam políticas de condução da pandemia que têm levado ao sacrifício da vida de milhares de cidadãos brasileiros. Há boicote às iniciativas de proteção e desprezo pelas condições impostas pela contagiosidade da doença. As políticas de condução da pandemia pelo governo federal revelam a novidade de um projeto de poder que elegeu a doença e a morte como aliadas.

Outra manifestação a ser examinada é a criação de uma nova teologia política na qual está ancorado o discurso pré-milenarista e dispensacionista neopentecostal. A espera do Messias está entre nós há muito tempo. Herdamos de Portugal o sonho de nos tornarmos um grande império, batizado pelo padre Antônio Vieira de "'Quinto Império', rebatizado pela ditadura militar de 'Brasil Grande Potência'", como explicou José Murilo de Carvalho a propósito dessa deriva messiânica. Ela se sustenta em dois fios que estão, por assim dizer, no nosso imaginário. O primeiro, o sebastianismo, que fermenta na sociedade a crença generalizada na ressurreição ou no retorno do rei morto para resgatar a grandeza da nação. O segundo tem origem na trilogia profética escrita por Vieira, intitulada *História do futuro*, que prognostica o advento por mil anos do reino de Cristo na Terra como obra do rei de

Portugal. O esforço de atualização mais caprichado desse imaginário data da ditadura militar. A partir do final dos anos 1960, o governo dos generais promoveu a ficção de um Brasil Grande: novo, otimista, harmônico, com potencial tecnológico e capaz de atingir alto nível de desenvolvimento econômico e influência externa. A novidade desse movimento é que o sujeito a quem essa nova cosmovisão se dirige é o "cidadão de bem", aquele que pertence a uma comunidade virtuosa. No caso das denominações neopentecostais, existem a Igreja (comunidade de fiéis) e o Mundo (tudo que está fora da Igreja e que é do demônio). No caso dos militares, existem os militares e os civis, e não há dúvida sobre quem são os virtuosos. No caso dos condomínios da Barra da Tijuca, a lei se aplica a quem está fora deles, nunca a quem está dentro. Todos aqueles que tentam se interpor entre o "cidadão de bem" e a realização de seus desejos são o inimigo. São as feministas, os movimentos negros, os sindicatos, os processos legais, o código de trânsito, o professor que reprova, qualquer construção coletiva que funcione como freio. A novidade do bolsonarismo é a desconstrução de qualquer forma de coletividade.

Uma terceira manifestação constitutiva desse plano de poder visa apreender, ao menos em parte, o que leva à ascensão de líderes como Bolsonaro. Por que uma fatia relevante da sociedade brasileira quer esse presidente? E por que as pessoas continuam a apoiá-lo? Parte da resposta pode vir do fato de que o governo Bolsonaro descobriu que certo passado consegue fornecer a liga ideológica capaz de sustentar um plano de poder. Talvez esteja aí a chave para entender a maneira como ele se apropria de determinados elementos do passado histórico brasileiro. O presente imediato é o tempo do desfazimento — tempo de decadência religiosa, de corrupção em matéria de política, de degradação no plano dos costumes, de insegurança social. Contém, a cada dia, mais passado e menos futuro. O movimento é regressivo e o passado fornece adesão. É um falso passado, mas funciona como modelo, sistema de explicação e mensagem mobilizadora. A novidade é essa: no Brasil, pela primeira vez, estão sendo criados elementos próprios à construção de uma utopia regressiva. Graças a ela, um pedaço significativo da sociedade brasileira escapa para um mundo fictício completamente coerente e se sente em segurança.

Este livro está estruturado em três capítulos, que partem de perspectivas diferentes. O primeiro, escrito pelo cientista político Miguel Lago, busca compreender a resiliência de Bolsonaro a despeito de seu deplorável desempenho governamental. A primeira hipótese explorada é a da dificuldade de um enfrentamento eficaz por seus opositores, fruto da dificuldade de compreensão das estratégias políticas do ex-capitão. A segunda hipótese avançada aborda as profundas mudanças causadas pela hiperconectividade e pelo neopentecostalismo na relação entre representado e representante.

O segundo capítulo, escrito pela historiadora e teórica política Heloisa Murgel Starling, trata da característica central de Bolsonaro: o reacionarismo. Fazendo uma distinção entre este e o conservadorismo, mostra suas raízes históricas, seu arraigamento em algumas instituições brasileiras e sua atualidade no governo Bolsonaro. Diante do cancelamento do futuro, o bolsonarismo apela à destruição como forma de constituição de uma utopia regressiva. Afinal, que Brasil é este que o bolsonarismo está construindo?

O terceiro capítulo, de autoria do filósofo Newton Bignotto, procura responder às qualificações mais repetidas sobre Bolsonaro. Afinal, bolsonarismo é fascismo? É populismo? Ao mobilizar e refletir sobre conceitos densos e complexos da teoria política como fascismo, populismo e cesarismo, o texto traz uma análise detalhada dos matizes ideológicos do fenômeno.

1. Como explicar a resiliência de Bolsonaro?

Miguel Lago

Seria plausível afirmar objetivamente que o governo atual é o pior de que se tem notícia desde que João VI pisou estas terras e começou a formar o Estado administrativo brasileiro. Seu saldo não poderia ser mais desastroso: perdemos em capacidade estatal; nossa economia, que começava a se recuperar, voltou a submergir; retornamos ao mapa da fome e tivemos o ano mais mortal da história do país. Ainda assim, a avaliação de Jair Bolsonaro nunca desceu dos 20%-25% de ótimo e bom. Luiz Inácio Lula da Silva, Itamar Franco, Fernando Henrique Cardoso e até mesmo Dilma Rousseff gozaram de popularidade muito mais alta que o ex-capitão, mas em nenhuma circunstância teriam resistido a um passivo governamental tão forte.

Parte importante dos cientistas políticos e economistas é taxativa: a conta ainda vai chegar para Bolsonaro. Ainda que bem embasados — existe extensa literatura acadêmica a mostrar que eleitores tendem a punir incumbentes com performances desastrosas —, tais pesquisadores, em sua maioria, não puderam prever ou explicar o resultado da eleição presidencial de 2018. Bolsonaro desafia a ciência política.

O ineditismo da eleição e do governo Bolsonaro não se refletiu no comportamento dos principais atores políticos brasileiros. A imprensa reporta as ações desse governo como reportaria as ações de qualquer outro. As alianças, os movimentos, as declarações são relatados com as mesmas técnicas de sempre, em que a imprensa se comporta como um narrador externo dos fatos, e não como parte integrante do enredo. Ora, as declarações e os atos de Bolsonaro destoam daqueles de Michel Temer, Dilma, Lula e demais presidentes do passado — pois eles já estão pensados em função dos relatos que provocarão. A oposição faz oposição do mesmo jeito que faria a qualquer outro governo. O "centrão" faz acordos de governabilidade como sempre fez com qualquer governo. Os candidatos presidenciais do chamado "centro" discutem programas, o Partido dos Trabalhadores (PT) relembra os anos dourados da Presidência de Lula. Empresários seguem com o mesmo discurso de sempre, de que é chegada a hora de "fazer as reformas": tudo *business as usual*. Enquanto os atores políticos seguem a mesma prosa de décadas, Bolsonaro fala uma nova língua.

Aqui procuraremos responder a esta grande dúvida: como pode um chefe de governo com resultados assim catastróficos ser tão resiliente em termos de popularidade? A resposta automática costuma remeter à instauração do auxílio emergencial e à fidelização dos eleitores cristãos. Sem querer ignorar esses dois importantes fatores — e reconhecendo que ambos certamente contribuíram para que a popularidade do presidente inclusive crescesse em 2020 e chegasse a quase 40% no mês de novembro,[1] a despeito da trágica resposta à pandemia —, este capítulo avança hipóteses anteriores a qualquer análise de política pública ou de explicação sociológica. O objetivo é anterior e busca encontrar as ferramentas de percepção para melhor compreender o fenômeno. Bolsonaro emergiu com a autoproclamada "nova política", e os arautos da "velha política" não têm os óculos adequados para enxergá-lo. E aquilo que não é visto nem nomeado não pode ser devidamente enfrentado.

A fim de apreender a complexidade, recorremos a ferramentas muito menos nobres do que as das ciências sociais, buscando articular uma compreensão de Bolsonaro a partir de métodos oriundos do ativismo. O ex-capitão é um brilhante ativista, e as fontes teóricas do ativismo podem ajudar a compreender parte de seu sucesso político.

Saul Alinsky, após décadas de experiência como *community organizer* — isto é, um organizador e articulador de movimentos de base — nos Estados Unidos do pós-guerra, formulou uma série de métodos ativistas de confrontação. Nem marxista nem liberal, publicou, em 1970, *Rules for Radicals*, manual em que enumera os procedimentos mais eficientes para promover mudanças sociais a partir de uma estratégia de confronto com o poder.

Ao resumir o que deve ser o trabalho de um *organizer*, Alinsky recorreu ao "rosto" como metáfora da classificação das três diferentes categorias de estratégias. A primeira é a dos "olhos". Ela busca mostrar visualmente para o adversário o poder da mobilização, como, por exemplo, reunir milhares de pessoas nas ruas. A segunda é a estratégia dos "ouvidos": se o *organizer* não dispuser de um grande contingente de pessoas para demonstrar poder ao adversário, será necessário fazer o máximo de ruído possível. Trata-se aqui de seguir a máxima de que *"Power is not only what you have, but what the enemy thinks you have"*[2] — poder não é apenas aquilo que você tem, mas aquilo que o inimigo pensa que você tem. Panelaços são um exemplo clássico dessa estratégia, pois criam um ambiente de forte pressão e demonstração de força. Por fim, caso o ativista tenha mobilizado poucas pessoas, a tática adotada deve ser da terceira categoria, a do "nariz". O autor afirma que *"if your organization is too tiny even for noise, stink up the place"*[3]

— se sua organização for pequena demais até para fazer barulho, tente provocar nojo — o que remete a estratégias performáticas, simbólicas, ou ainda a ação direta.

Jair Bolsonaro, embora não se proclame assim, é um extraordinário ativista e emprega várias das táticas recomendadas por Alinsky, provavelmente mais por intuição do que por conhecimento. No entanto, quando se trata dos pontos de referência do rosto enunciados pelo norte-americano, o presidente brasileiro as subverte. Se é certo que ele se faz ver, seus adversários parecem enxergá-lo borrado ou acometidos de miopia (categoria "olhos"), e escutam um forte estrondo sem que possam distinguir bem a mensagem (categoria "ouvidos"). Quanto ao odor, este os enoja a ponto de os atordoar, não permitindo que de fato sintam Bolsonaro (categoria "nariz"). O presidente projeta sempre uma imagem de fraqueza, não de poder, e assim embota a percepção deste. É nessa aparente fragilidade, nessa capacidade de ser malvisto, ouvido ou sentido pelos adversários que Bolsonaro encontra sua maior força.

Este capítulo aborda em primeiro lugar a capacidade que tem o presidente de ser malvisto — fruto de uma perspectiva moralista diante de fenômenos de massa. Em seguida, a de gerar um som que incomoda e engana na mesma medida — a partir da construção de uma nova gramática política e uma nova geografia do antagonismo. Por fim, analisamos seu dom de atordoar os adversários pelo nariz — através da formulação de uma nova mística do poder.

AS ABORDAGENS MORALISTAS SOBRE AS MASSAS
PODEM CEGAR

Três leituras têm servido para explicar o sucesso de Bolsonaro: a afetiva, a materialista e a instrumental. A leitura afetiva irradia sobretudo do campo das esquerdas. Consiste em achar que o eleitorado vota segundo sua "memória eleitoral", ou seja, pela lembrança de um passado em que a vida era melhor. Nesse aspecto, Lula seria um candidato imbatível, dado que nenhum outro político vivo governou num período de tamanha prosperidade. Logo, a vitória de Bolsonaro em 2018 só se explicaria pela ausência forçada da candidatura de Lula, aliada à normalização do candidato de extrema direita pelo establishment. Agora, com Lula livre, bastaria "normalizá-lo" diante do establishment, uma tarefa facilitada pela catastrófica gestão de Bolsonaro, e assim Lula estaria desimpedido para obter uma vitória retumbante.

A leitura materialista vigora especialmente no campo autoproclamado de "centro". Entende que o comportamento do eleitor decorre de fatores materiais, em particular a situação econômica. De acordo com essa interpretação, a eleição de Bolsonaro em 2018 foi uma punição ao partido que governou o país por treze anos e se tornou diretamente responsável por uma tremenda crise econômica, aliada a escândalos faraônicos de corrupção. Logo, uma vitória de Bolsonaro em 2022 dependeria apenas da sua performance governamental, que, por enquanto, é nula. Nesse cenário, ao candidato do "centro" caberia apresentar credenciais de bom desempenho em outras administrações para derrotar o incumbente "incompetente". Essa leitura já foi desafiada em 2020, quando previu que Bolsonaro não resistiria à brutal queda do PIB, além da maior crise sanitária dos últimos cem anos e da cobertura crítica da imprensa. No entanto, ele terminou o ano com popularidade recorde, na casa dos 40%, o que os "materialistas" atribuem apenas à implementação de um auxílio emergencial para dezenas de milhões de pessoas.

Por último, a leitura instrumental é aquela que explica a notável resiliência de Bolsonaro exclusivamente por meio de sua extraordinária habilidade de se comunicar nas redes sociais. Ou seja:

seu governo é um desastre econômico, social e sanitário, mas seu triunfo digital é imbatível. A tese se baseia em fatos concretos. De fato, o poder computacional da extrema direita, financiado por caixa dois, teve papel relevante na vitória eleitoral de 2018. É fato também que, uma vez alçado ao poder, Bolsonaro consegue governar mediante a propagação massiva de fake news, orquestrada pelo "gabinete do ódio" e disciplinadamente difundida pela sua milícia digital. A abordagem instrumental entende que, para a oposição, bastaria constituir equipes muito eficientes em comunicação de redes sociais para competir à altura com o presidente em 2022.[4]

Não é possível separar essa miopia acerca do bolsonarismo das interpretações que se fez e faz de fenômenos de massa em geral. As massas se tornaram um sujeito político de fato no século XIX, um período atravessado por convulsões sociais e revoluções. O marxismo surge na segunda metade do século XIX, elevando as massas a protagonistas da história, e na década de 1890 surgirá a sociologia como disciplina, mas sobretudo a psicologia de massas, que tratará o fenômeno quase como uma patologia social. Não se busca por meio deste texto fazer uma epistemologia da psicologia de massas ou de qualquer outra disciplina. Trata-se de identificar uma espécie de "senso comum" que se constrói à medida que conceitos e pensamentos filosóficos são incorporados por ativistas e militantes dos mais diversos espectros políticos. Esse "senso comum" estaria carregado de moralismo, isto é, de um julgamento especulativo derivado de normas de comportamento. Se a lógica opera a partir da dicotomia verdadeiro/falso, se o direito opera a partir do legal/ilegal, a moral opera a partir de bem/mal.

Em discursos ativistas à esquerda do espectro ideológico, não é incomum topar com a tentação de atribuir uma visão maniqueísta à relação entre "elite" e "massa". Parte-se de um princípio nada moralista — o de que o vínculo social estaria marcado por conflitos, relações de força e de dominação —, segundo o qual alguns grupos sociais privilegiados exploram outros. Mas, em certa etapa da evolução desse raciocínio, não serão poucos os que lhe imprimirão uma dimensão moralista: as elites são más e exploram o "povo", que é sempre bom. As massas só são capazes de cometer o mal quando manipuladas por essas elites. Em tal enredo, as primeiras seriam Adão, sempre sábio e bom, mas manipulado e seduzido por Eva, nesse caso as elites. É claro que esse "senso comum" não se manifesta de maneira tão simplificada como no livro do Gênesis, mas ainda assim é perceptível em alguns discursos ativistas.

Tal concepção está presente em algumas análises de fenômenos de massa da história recente do Brasil, em particular as denominadas "Jornadas de Junho". Ouviu-se e ainda se ouve que tal fenômeno não pode ser qualificado como "movimento social legítimo". Junho de 2013 foi de fato uma novidade para a política nacional. Pela primeira vez, viram-se milhões de pessoas nas ruas sem que tivessem sido convocadas por atores organizados. O movimento se destacou também pela ausência total de liderança, de demandas concretas — "Não é só por vinte centavos", dizia o slogan mais repetido — e de capacidade de negociação com os governos. A impossibilidade de encaixá-lo nas categorias existentes de movimentos sociais, aliada à concomitância com o décimo ano de governo petista, contribuiu para a formação de uma visão moralista. Parte da esquerda se viu no seguinte dilema: como explicar o fato de o povo se revoltar contra um governo que emanava do povo e governava para o mesmo "povo"? Como explicar essa espécie de suicídio político? Apenas pela chave da manipulação do povo pelas elites. Apenas ao afirmar que quem está nas ruas não é "povo", ou, se o é, não tem legitimidade, ou não age como tal. Aqueles que foram agredidos pelas polícias em diversas cidades brasileiras por se manifestarem pacificamente nada mais seriam do que pessoas manipuladas por aquela minoria que de fato se incomodava com a presença de um governo popular.

Essa posição também se manifesta em alguns discursos ativistas diante da surpreendente eleição de Jair Messias Bolsonaro. É comum escutarmos que "se Lula tivesse concorrido, o Mito jamais teria sido eleito" (por mais pertinente que seja, esse argumento não retira o mérito do candidato de extrema direita de chegar à hipotética segunda posição de uma eleição presidencial sem máquina nem tempo de TV), ou, ainda, que foram as elites, através da propagação de fake news, que manipularam as informações e operaram uma autêntica lavagem cerebral nos eleitores. Afinal, como poderia o "povo" preterir o autêntico candidato "defensor do povo" — aquele que o "representa", posto que é de um partido de esquerda — por um candidato explicitamente das elites? Cabe destacar inclusive que não há personagens tão propensos ao maniqueísmo quanto o capitão reformado e o empresário Paulo Guedes. Pela primeira vez desde a redemocratização tivemos um candidato que não foi capaz de dizer a palavra "desigualdade" ao longo da campanha — coisa que até Fernando Collor de Mello em seu tempo havia dito. Um candidato que explicitamente advogava as políticas ilegais de segurança pública que massacram a população negra do país. Um candidato que defendia não o alinhamento, mas a submissão à política externa norte-americana. Seu principal nome para conduzir a economia é o de um empresário bem-sucedido, mas sem qualquer experiência de gestão pública, muito mais conhecido pela retórica polêmica do que por seus trabalhos acadêmicos. Guedes e Bolsonaro aparecem como vilões perfeitos — caricaturais e quase pornográficos. Só a manipulação explica o porquê de a maioria do "povo" tê-los escolhido.

A visão idealizada de fenômenos de massa pode encontrar suas raízes em uma interpretação rápida e superficial de conceitos teóricos do marxismo clássico e do marxismo contemporâneo. A versão simplificada da engrenagem central do marxismo clássico é que a luta de classes é o motor da história e que, portanto, da luta entre capital e trabalho — entre burguesia e proletariado — nascerá um novo ciclo histórico, o da ditadura do proletariado, que por fim inaugura um período quase apocalíptico de fim da história — o comunismo. Para que essa lógica funcione, é necessário um dado a priori — isto é, que as classes preexistem à luta. As classes precisam estar constituídas para que se possa dar efetivamente a luta entre elas. Por conseguinte, a dinâmica socioeconômica — definidora da classe social — preexiste ao conflito político. O fenômeno político é, portanto, precedido e condicionado pela estrutura social e econômica. Esse silogismo teórico só pode funcionar se o proletariado agir como "classe por si", uma classe que é consciente de seus interesses, e se estes carregarem em si valores positivos e virtuosos, na medida em que são condição sine qua non para que possa tomar forma o único devir inexorável da humanidade: o comunismo. O marxismo clássico está, portanto, baseado em um a priori da ação política — que pode dar margem a interpretações moralistas. O proletariado precede o conflito, uma visão moralista das massas precede a ação política.

A mesma visão pode estar contida em certa interpretação que se faz de alguns conceitos de importantes marxistas contemporâneos, em particular os autonomistas. O conceito de multidão de Michael Hardt e Antonio Negri,[5] em que pese sua extraordinária sofisticação intelectual, dá margem a análises que essencializam o fenômeno de "massas". A maquinaria intelectual criada é das mais sofisticadas e contribui imensamente para a compreensão dos novos movimentos sociais — como o de junho de 2013. Em vez de proletariado, recupera-se a categoria "multidão", a qual não precede a ação política, mas é constituída por esta. Logo, não parte de um a priori, como o marxismo clássico; nela, a política não está automaticamente precedida e condicionada pela estrutura socioeconômica. Esse a priori, por conseguinte, não está positivado moralmente. Não obstante, alguns discursos de ativistas em junho de 2013 incorporaram o conceito de "multidão" como sendo essencialmente virtuosa. Logo, toda "multidão" só poderia ser "multidão" na medida em que é "boa".

O moralismo como ferramenta de análise de fenômenos de massa não é exclusivo da tradição marxista nem da esquerda; também encontra lastro em outras correntes. A título de exemplo, vale citar Jean-Jacques Rousseau, cuja antropologia foi influente no século XIX entre algumas correntes socialistas, anarquistas e liberais. Um dos grandes tratados liberais do século XIX é *A democracia na América*, de Alexis de Tocqueville, cujo segundo volume tem um forte tom rousseauniano. De acordo com a maneira como o mito do *bon sauvage* de Rousseau povoou o senso comum, todo homem nasce bom e, portanto, é a sociedade que o corrompe. O povo, por ser uma acumulação de indivíduos que nascem bons, seria assim intrinsecamente bom, e depois corrompido pelas relações sociais, relações de propriedade e por aí vai... Numa exacerbação caricatural desse argumento, os mais pobres seriam intrinsecamente bons e os mais ricos, intrinsecamente maus.

Costuma-se colocar Rousseau em oposição a Thomas Hobbes, por ambos serem pensadores que introduzem a ideia de contrato social como constitutivo da política. O contrato de Rousseau encontra poucos paralelos com o de Hobbes. Um dos poucos é que o filósofo inglês parte também de um a priori, de um estado natural carregado de moralismo acerca do indivíduo. O homem não seria bom de nascimento e, uma vez colocado diante de recursos finitos em coabitação com outros homens, seria obrigado a lutar contra todos. Deixado à própria sorte, o homem se converteria no "lobo do homem".[6] Aqueles mais avantajados pela força física poderiam impor suas vontades e alienar a liberdade de outros homens. Nessa visão, o "homem" estaria disposto a massacrar o semelhante para sobreviver e prosperar. Para que a vida em sociedade preservasse a vida de todos, seria essencial, portanto, que cada pessoa delegasse sua liberdade a um soberano — o Leviatã —, que garantiria a segurança geral, evitando que um devorasse o outro. Se, por um lado, a ideia de Leviatã foi um arcabouço teórico importante para a construção de um Estado — cujas instituições são garantidoras de direitos individuais —, ela também pode servir a interpretações classistas e moralistas a respeito das "massas": a ideia de que estas, deixadas por si sós, degeneram em barbárie.

Vale sempre recordar que essa análise não pretende imputar moralismos a correntes de pensamento filosófico, mas sim investigar o processo de circulação e incorporação destas pela militância. O liberalismo político está ancorado na ideia de indivíduo e de racionalidade. O período caracterizado como Lumières, no século XVIII, aboliu a transcendência divina e inseriu a razão como lógica de funcionamento da sociedade e como cosmovisão. Diretamente associada a ela se encontra a constituição do conceito de indivíduo, uma espécie de entidade consciente de suas decisões e cuja ação sempre está motivada.

No liberalismo, o indivíduo racional é conhecedor de seus atos e responsável por eles. Esse excesso de agenciamento do indivíduo foi criticado por diversos teóricos, mas cabe ressaltar com especial ênfase aqueles da Escola de Frankfurt, em particular Max Horkheimer e Theodor Adorno. De acordo com esses autores, a individualização promovida pelas Luzes acaba por internalizar no indivíduo a impotência social.[7] Ao fazer crer que ele é autônomo, senhor de seu destino, acaba por provocar uma normalização da ordem social vigente, entendida, portanto, como uma necessidade à qual é preciso se adaptar. O princípio de racionalidade extrema, esse quase positivismo que contamina muitas vezes a perspectiva liberal, congela os fenômenos sociais, desconectando-os de qualquer processo histórico e transformando-os em sequência de decisões racionais.

A noção de indivíduo se opõe à noção de massas, símbolo da

desrazão, do destempero, da irracionalidade. A disciplina da psicologia de massas surge ao final do século XIX impregnada desses preconceitos em relação ao seu objeto de estudo, tratando-o quase como uma patologia. São icônicas algumas das declarações do teórico Gustave Le Bon em seu célebre livro *La Psychologie des Foules* (1895): "As multidões assemelham-se, de certo modo, à esfinge da antiga fábula. É necessário chegar a uma solução dos problemas oferecidos por sua psicologia ou então nos resignamos a ser devorados por elas", ou, ainda, "pelo simples fato de fazer parte de uma multidão organizada, um homem desce vários degraus da civilização. Isolado, ele pode ser um indivíduo culto; na multidão, é um bárbaro, isto é, uma criatura que age por instinto".[8] A ideia de "multidão" descrita por Le Bon e por outros autores da mesma época está sempre associada a termos como "violência", "destruição", "irracionalidade", "declínio", "cegueira", "ferocidade", "erro", "primitivismo". Le Bon define o raciocínio das "massas" como distante do raciocínio lógico — que é o raciocínio do indivíduo. Sobre o "raciocínio inferior das multidões", afirma consistir "na associação de coisas dessemelhantes, que possuem uma conexão meramente entre si". Será preciso chegar aos anos 1920 para que esse a priori de tratar as massas como patologia seja revisto por Sigmund Freud, como bem lembra Newton Bignotto no capítulo 3 deste livro.

O pensamento liberal, quando vulgarizado na América Latina no século XIX, produziu dois tipos de aberrações políticas: a história dos grandes homens e o binômio civilização e barbárie. Os pressupostos liberais deram espaço a uma historiografia problemática, em que a história é vista como uma sucessão cronológica de "grandes homens" e os acontecimentos, como decorrentes da ação e da vontade destes. Nela, os políticos do passado são retratados como figuras mitológicas, capazes de sujeitar as estruturas sociais e econômicas às suas vontades e valores. Isso não se dá por acaso: criando-se mitos poderosos do passado, fica muito mais fácil sustentar um regime desigual. A mitologia dos "grandes homens" solidifica o atual estado das coisas. Justifica o presente ao ficcionalizar o passado. Essa corrente da historiografia foi inteiramente superada no ambiente acadêmico, inclusive pelos próprios liberais. Hoje, compreende-se que, embora a força individual de um líder tenha influência, nunca poderá controlar por completo os processos políticos. No entanto, a simbologia fantasiosa dos "grandes homens" persevera nas políticas oficiais de memorialização. Está nas obras de ficção, nas representações artísticas e, claro, nas estátuas que habitam nossas cidades. Não é à toa que tanta gente quer — com razão — derrubá-las.

Mais grave para nossa cultura política do que a "história dos grandes homens", porém, é a construção do binômio "civilização" e "barbárie", uma espécie de mito fundador do pensamento intelectual latino-americano, formulado em 1845 pelo intelectual e político argentino Domingo Faustino Sarmiento em sua obra *Facundo*. O livro trata da vida de Juan Facundo Quiroga, militar e político argentino, personagem central das guerras civis travadas entre unitários e federalistas que marcaram as primeiras décadas de independência do país. Quiroga é retratado como o autêntico caudilho e simboliza os federalistas, então no poder, sob a liderança do general Rosas, poderoso governador da província de Buenos Aires. De acordo com o autor, a civilização seria representada pela Europa (em particular a do Norte), pelos Estados Unidos da América, pelas cidades, pelos unitários, pelo progresso e pela educação. A barbárie seria a marca dos ibéricos, dos mouros, dos africanos, das populações indígenas, da falta de cultura e de educação e do compromisso com o caos e o atraso. E, claro: ela é federalista... A mensagem mais popularizada do romance é provavelmente "*Esa es la cuestión: ser o no ser salvajes*".[9] Não é preciso uma interpretação sofisticada para compreender o substrato racista dessa dicotomia. O progresso e a civilização seriam brancos. Quanto menos branca a cor de pele, maior a barbárie. Tal dicotomia, no entanto, está presente ao longo da história nos discursos ativistas das elites latino-americanas. As elites são sempre civilizadas, o "povo" é bárbaro. Nesse exato momento, ela se expressa, no Brasil, na criação do neologismo "bolsopetismo", associando bolsonarismo com petismo. Ora, o único ponto comum possível entre Bolsonaro e Lula é o fato de ambos serem profundamente populares. O "povo" é o único denominador comum entre as duas lideranças. O termo "bolsopetismo" não passa de mais uma expressão da demofobia tão característica de alguns discursos ativistas do liberalismo latino-americano.

A incorporação e a circulação de pressupostos liberais e marxistas, e as maneiras como ativistas latino-americanos os incorporaram, criaram um senso comum moralista em relação ao fenômeno de "massas" que desfavorece a capacidade de compreender fenômenos complexos como o bolsonarismo.

Para compreender o fenômeno Bolsonaro, é fundamental abandonar qualquer a priori moralista, seja ele positivo a respeito das massas, comum em alguns discursos ativistas de esquerda, seja ele negativo, comum em alguns discursos ativistas de direita. Ambos subestimam a capacidade das "massas" e superestimam a agência das elites. Não há dúvida de que existe um espaço para agência individual, assim como não há dúvida de que elites podem, sim, manipular massas em contextos específicos. Mas não há que superestimá-las. Para analisar a nova extrema direita brasileira, é preciso interpretar o "político" sem a priori. É preciso se despir dessas dicotomias simplistas entre "povo" e "elite" ou entre "racionalidade" e "irracionalidade".

A cegueira analítica que persiste em relação ao fenômeno Bolsonaro é, nesse sentido, uma importante aliada do presidente. Ora por serem as decisões e as articulações deste classificadas como "irracionais", ora por não se reconhecer adesão popular legítima a ele. Bolsonaro foi eleito presidente do Brasil com mais de 57 milhões de votos. Trata-se de um fenômeno popular e suas ações encontram lastro real em importantes segmentos da população. Não reconhecer inteligência política nas ações do presidente é repetir uma cegueira similar àquela de 2018 que viabilizou sua eleição.

As ferramentas analíticas da ciência política foram insuficientes para explicar o sucesso de Jair Bolsonaro no pleito, pois ele não se enquadra em consistente evidência da literatura acadêmica. Sua eleição se deu em grande medida desafiando os principais determinantes para o sucesso eleitoral no Brasil. Até 2018, observava-se que, para um candidato sair vencedor, precisaria dispor de fatia considerável do horário eleitoral de propaganda política gratuita e de uma importante estrutura partidária. Quanto mais amplas fossem as alianças partidárias, maior o tempo de televisão e maior a máquina de apoio ao candidato. Além disso, grandes alianças partidárias vão de par com importantes palanques e alianças regionais (poderosos cabos eleitorais locais). Por fim, a literatura também atribui importância ao financiamento — quanto mais recursos à disposição, maior a máquina de campanha — e à memória eleitoral — associação de um tempo positivo vivido com o candidato (caso, por exemplo, de Lula, que governou o Brasil num período próspero). Bolsonaro tinha menos dinheiro, menos tempo de exposição na televisão e uma estrutura partidária praticamente nula quando comparado à maioria dos candidatos. O ex-capitão tampouco dispunha de um histórico de gestão comprovado que pudesse impulsioná-lo. Ao se analisarem os líderes de nações chamados de "iliberais", nota-se que tanto Recep Erdoğan (Turquia) quanto Narendra Modi (Índia) haviam previamente conduzido gestões regionais percebidas como bem-sucedidas. Viktor Orbán (Hungria) tinha uma estrutura partidária formada havia décadas e com ampla participação em governos locais e no Parlamento.

Rodrigo Duterte (Filipinas) contava com o apoio de uma ampla coalizão, incluindo partidos de esquerda. Donald Trump, com menos financiamento, exposição e alianças durante as prévias do Partido Republicano, fez uso extenso das redes sociais para vencê-las. No entanto, sua imagem como empresário de sucesso foi construída pela televisão e por revistas de fofoca ao longo de quarenta anos, sendo ele, portanto, muito mais um depositário da videocracia do que da era digital. Uma vez escolhido nas prévias, o partido o abraçou e ele teve à sua disposição toda a máquina do Grand Old Party para ganhar as eleições gerais de 2016.

Bolsonaro foi surpreendente até para padrões internacionais de outsiders. No entanto, existe grande resistência em reconhecer sua competência político-eleitoral. A meses do pleito eleitoral, é repetidamente dado como fora do segundo turno. Mesmo três anos depois, a incredulidade persiste.

A INCAPACIDADE DE OUVIR BOLSONARO

À miopia que impede de ver o fenômeno Bolsonaro, soma-se a incapacidade de ouvir Bolsonaro. O papel de seus discursos é fundamental, pois, a despeito de não serem escutados ou devidamente compreendidos por seus adversários, comunicam-se com muita gente e calam fundo em parcela extremamente significativa do eleitorado.

Não há como não reconhecer o excelente desempenho do presidente na constituição de um poderoso sistema de informação e comunicação. No uso inteligente das mídias sociais, em particular a arquitetura de redes que foi cuidadosamente elaborada visando as eleições de 2018. Seus críticos sempre tentam minimizá-la, destacando apenas três elementos: a desinformação, o poder computacional e o financiamento por caixa dois.

Não há dúvida de que a inteligência artificial e a desinformação contribuem para explicar parte de seu sucesso eleitoral. Um relatório da Diretoria de Análise de Políticas Públicas da Fundação Getulio Vargas, que fez um levantamento das contas automatizadas no Twitter — os chamados *bots* —, concluiu que, das 852,3 mil publicações de robôs identificadas na plataforma entre 10 e 16 de outubro, 602,5 mil vieram da base de apoio de Bolsonaro.[10] As redes sociais são um território propício para as estratégias de desinformação. Estatísticas e estudos acadêmicos apontam para a predominância da inteligência artificial nesses processos. Em 2016, somente no Twitter, de seus 336 milhões de usuários em todo o mundo, os pesquisadores estimavam que até 50 milhões eram *bots*.[11] Além disso, esses *bots* são comunicadores prolíficos. Um levantamento do Pew Research Center sugere que até 66% dos links compartilhados nessa mesma plataforma vinham de *bots* suspeitos.[12] Tal fenômeno não se limita a períodos eleitorais ou a uma plataforma específica. Ele é contínuo, perene e reage aos acontecimentos, a tal ponto que, durante a pandemia de covid-19, um novo conceito foi introduzido: a infodemia. De acordo com a Organização Pan-Americana da Saúde (Opas):

A palavra infodemia se refere a um grande aumento no volume de informações associadas a um assunto específico, que podem se multiplicar exponencialmente em pouco tempo devido a um evento específico, como a pandemia atual. Nessa situação, surgem rumores e desinformação, além da manipulação de informações com intenção duvidosa. Na era da informação, esse fenômeno é amplificado pelas redes sociais e se alastra mais rapidamente, como um vírus.[13]

Um estudo recente de Cláudia Galhardi e colaboradores buscou identificar a caracterização da infodemia no Brasil em 2020 e constatou que as fake news estavam presentes em todas as plataformas. A pesquisa apontou que 10,5% das notícias falsas foram publicadas no Instagram, 15,8% no Facebook e 73,7% circularam via WhatsApp.[14]

A propagação de fake news não é suficiente para explicar a integralidade do sucesso eleitoral do ex-capitão, nem sua popularidade nos últimos anos. Bolsonaro soube articular muito bem uma arquitetura de redes que lhe propiciou uma autêntica hegemonia digital no período anterior à eleição. Alguns estudos traduzem em números a extraordinária competência de sua equipe de campanha. Camila Mont'Alverne e Isabele Mitozo analisaram os 75 dias de período eleitoral em grupos públicos de WhatsApp, e concluíram que a intensidade de compartilhamento de informações foi muito maior entre militantes bolsonaristas do que entre os de outros candidatos. As pesquisadoras indicam, por exemplo, que os militantes bolsonaristas compartilharam vinte vezes mais links de YouTube do que os militantes de Fernando Haddad, segundo colocado nas eleições de 2018.[15] O bom uso das redes sociais para fins eleitorais não pode ser considerado uma novidade. As grandes empresas de tecnologia da informação estão sediadas nos Estados Unidos, e é natural, portanto, que os operadores nos trópicos copiem aquilo que já se provou eficaz naquele país.[16] A campanha de Donald Trump, dois anos antes, já havia testado muito do manual que por aqui foi seguido. Um estudo conduzido por Hunt Allcott e Matthew Gentzkow identificou que 115 histórias falsas cuja narrativa favorecia a candidatura de Trump foram compartilhadas mais de 30 milhões de vezes.[17] Dentre elas, destaca-se a que aponta o empresário nova-iorquino como o candidato escolhido pelo papa Francisco, a notícia falsa mais compartilhada naquelas eleições. Em um estudo de caso comparativo com o chamado "populismo de esquerda" da Espanha, os pesquisadores Théofilo Rodrigues e Daniel Ferreira concluem:

O populismo de direita brasileiro opera um tipo de mobilização social vertical, baseado em mensagens em redes sociais como Facebook, WhatsApp e Twitter que informa a agenda a ser seguida por seu eleitorado. Sob esse registro, o eleitorado é receptor, mas também divulgador da agenda. Além disso, o populismo de direita de Bolsonaro ativa com intensidade maior do que qualquer outro movimento a prática das *fake news* na construção de suas narrativas, de tal maneira a produzir uma fronteira antagônica capaz de rejeitar todo o campo progressista.[18]

A observação empírica das estratégias de comunicação de Bolsonaro é importante, porém insuficiente para explicar a extraordinária performance na nova infosfera. Cabe recorrer a uma análise mais aprofundada a respeito do desenho dessas plataformas. Inspirada no trabalho de Marshall McLuhan e atualizando a célebre frase do pensador "O meio é a mensagem"[19] — ou seja, o uso de um dispositivo tecnológico determina os resultados que dele derivam — se encontra a escola de *media ecology*, que analisa como a tecnologia estrutura a ação coletiva, na medida em que diferentes dispositivos tecnológicos ensejam diferentes arquiteturas comunicacionais. Cabe frisar que, embora seja importante buscar correlações entre o fenômeno político e o instrumental tecnológico, é fundamental se afastar da tentação tecnodeterminista, muito presente na literatura sobre tecnologia e democracia — isto é, a literatura que tende a explicar transformações políticas a partir das transformações tecnológicas, ignorando uma série de fatores simbólicos, sociais e ideológicos. Partindo de um a priori otimista em relação ao uso político e social das tecnologias de informação e comunicação emergentes, alguns importantes pesquisadores sustentam que, ao reduzir os custos de acesso à participação e a novas formas de interação, a ação "conectiva" suplantou a ação coletiva. O sociólogo Paolo Gerbaudo, professor do

King's College, no Reino Unido, faz um uso crítico dessas ferramentas analíticas da *media ecology* — tomando cuidado com a tentação tecnodeterminista — para argumentar que o desenho das principais plataformas de mídia social favorece diretamente a emergência de "populismos".

Gerbaudo argumenta que a conexão entre populismo e mídias sociais pode ser apreciada em dois níveis: formação de opinião e articulação de movimento. Em primeiro lugar, as plataformas de redes sociais adquiriram o reconhecimento de um espaço de empoderamento daqueles que não dispunham de "voz". A crise de confiança nas instituições que assola sociedades ocidentais abarca também o que se convencionou chamar de *mainstream media* (MSM). Um estudo conduzido em 2012 nos Estados Unidos mostrou que 60% da população daquele país desconfiava dos grandes veículos de mídia, nível comparável à rejeição aos partidos políticos. Os estudos de David Starkman sugerem que parte dessa rejeição encontra explicação no fato de que a MSM foi incapaz de prever ou alertar para a crise financeira de 2008. Parcela importante da população teria passado a perceber a MSM como agente de defesa dos interesses corporativos e não mais como tendo uma função social de informação. Gerbaudo argumenta que, na esteira dessa crise de confiança, as redes sociais se tornaram o refúgio da "voz das pessoas", da "voz do povo", livre, portanto, de qualquer interesse corporativo, dado que a ampliação da esfera pública possibilitou que todos tivessem acesso a informação gratuita e oportunidade de manifestar suas opiniões com rapidez. As redes sociais como meio de expressão popular desinteressado e através do qual se comunica a verdade formariam um típico espaço antiestablishment, fundamental no discurso populista.

O segundo nível de conexão se refere à mobilização dos cidadãos. Nesse quesito, Gerbaudo alerta para três importantes dimensões: a curadoria de informação, as funcionalidades agregativas das plataformas e o efeito celebridade. Como muito bem alertou Wael Ghonim, os algoritmos de algumas plataformas estão desenhados de tal forma que privilegiam a visualização de conteúdos que tiveram o maior número de interações possível no momento da sua primeira postagem. Essa curadoria promovida por algoritmos favoreceu conteúdos inflamatórios, beneficiando políticos como Donald Trump e Jair Bolsonaro, que observaram um aumento no alcance de suas postagens. Quanto mais absurdos Bolsonaro publicava, mais reações negativas gerava, e mais pessoas eram expostas a esses conteúdos. Gerbaudo alerta para o segundo elemento, o das funcionalidades agregativas nos *backends* das plataformas, decorrência do modelo de negócios que agrupa — para fins de publicidade direcionada — as informações sobre os usuários tendo em vista demografia, palavras-chave relevantes, atitudes e gostos.[20] Como consequência, isso contribui para a formação daquilo que Eli Pariser chamou de "*filter bubbles*",[21] um processo no qual a internet é fragmentada em diferentes esferas, que geram uma consequente polarização da opinião pública, em que várias facções, compartilhando pouco terreno comum em questões fundamentais, disputam a atenção do usuário. Não menos importante é a figura da celebridade e sua função de agregação e mobilização dentro das redes sociais. Num espaço de perfis atomizados, o que permite o engajamento entre eles são as figuras de "influenciadores digitais". Sobre isso, Gerbaudo afirma que

> o elemento de personalização e efeito de celebridade da mídia social fornecem uma espécie de ponto focal em torno do qual a multidão pode se reunir e milhões de indivíduos insatisfeitos, e privados de qualquer afiliação organizacional comum, podem se reunir para reconhecer seus interesses e desejos compartilhados.[22]

Jair Bolsonaro, antes de se tornar uma importante liderança política, já figurava como um importantíssimo influenciador digital, seu primeiro passo rumo à rampa do Planalto.[23]

Essa análise da ecologia mediática e comunicacional pode ser complementada com uma interpretação antropológica dos efeitos da hiperconectividade sobre a sociabilidade. Luciano Floridi, professor de filosofia da Universidade de Oxford, considera que estamos em meio a uma *political apoptosis*[24] e a atribui em grande parte ao impacto das novas tecnologias de comunicação em todos os níveis da vida social e da produção econômica. Floridi argumenta que entramos em uma era chamada hiper-história,[25] na qual a presença tecnológica é tal que, à medida que a distinção entre on-line e off-line se esfuma, as diferenças entre virtualidade e realidade são menos nítidas. Essa ruptura ontológica obriga à reformulação da nossa *Weltanschauung*, ou cosmovisão, e implica a formulação de uma nova filosofia da história, uma nova filosofia da ciência, uma nova filosofia da linguagem e uma nova filosofia política. Dentre os vários novos conceitos trazidos pelo filósofo como proposta de uma nova teoria política, dois aspectos particularmente interessantes devem ser sublinhados. Em um mundo hiperconectado, os sujeitos estão mais focados nas interações do que nas entidades: as pessoas têm mais confiança em seus contatos pessoais (virtuais ou não) do que nas instituições. O segundo aspecto destacado é o da transformação na natureza do consentimento político. Segundo Floridi, se antes os sujeitos se submetiam ao Estado e a um conjunto de regras, ou mesmo a um partido político que os representava como um bloco (alinhamento), esse consentimento se fragmentou e se deslocou para ações ou causas específicas (no contexto de interações). Portanto, obter consentimento se torna um processo contínuo. Isso pode ser demonstrado na forma como as pessoas se organizam na internet em torno de causas fragmentadas, seja por meio do ativismo digital, seja por meio de infraestruturas de mobilização cívica.

A partir da literatura sobre tecnologia e política, podem-se construir duas novas hipóteses: as mídias sociais mudam o registro do discurso político da esfera pública e também o consentimento entre representante e representado. As redes sociais democratizaram o acesso à informação, mas sobretudo à publicação. Cada pessoa se torna um perfil, com uma identidade própria, capaz de angariar seguidores, e com a possibilidade de ter à sua disposição uma coluna de opinião. O modelo de negócios dessas plataformas, a fim de conhecer melhor os desejos do consumidor, estimula que todos os perfis se expressem salientando as suas preferências. Os perfis são, portanto, instados a se manifestar e expressar suas opiniões sobre qualquer assunto. Por conseguinte, constitui-se o império da opinião, no qual tudo que é dito na esfera pública é da ordem da opinião. Não há outro registro possível, seja ele o da especialidade, da autoridade ou qualquer outro. Ora, a riqueza do registro da opinião é que, por ser de caráter subjetivo, tudo aí se equivale. Todos são igualmente detentores de opiniões e todos devem ter direito à sua, sem nenhuma prevalência sobre as demais. A característica equalizadora desse registro burla o discernimento entre registros discursivos na esfera. Um estudo científico publicado em uma revista "padrão-ouro" que produz evidências primárias sobre alguma temática não pertence a esse registro. Não se pode rebater um argumento científico com um tuíte opinativo, e sim com outro estudo científico que, a partir de uma metodologia específica, possa eventualmente contestar os resultados encontrados. Por outro lado, quando instituições ou outras autoridades emitem declarações, estas não devem ser entendidas como opinião. Nas redes sociais, no entanto, não é assim, como mostra o que ocorreu com o papa Francisco durante as eleições presidenciais brasileiras de 2018. O pontífice alertava, por meio de sua conta no

Twitter, que cristãos deveriam sempre preferir projetos de desenvolvimento a projetos de armamento. Os círculos bolsonaristas interpretaram o tuíte como uma mensagem contrária a seu candidato e encheram o perfil do papa com citações bíblicas que aludiam à violência. Os militantes acreditavam poder ensinar à maior autoridade da Igreja católica as Sagradas Escrituras. É claro que a opinião de Bergoglio sobre futebol argentino equivale à de qualquer outro cidadão argentino que goste de futebol. Mas, nesse caso, não se tratava de Bergoglio, e sim da instituição do sumo pontífice emitindo uma exegese específica sobre a Bíblia. Poderia ser rebatida por outra autoridade, não por militantes enlouquecidos nas redes sociais. O império da opinião constitui uma esfera pública anárquica, em que, dado que tudo se tornou opinião, todas se equivalem e não há mais marcadores de certeza. Trata-se de uma esfera pública pré-democrática e pré-hobbesiana.

Jair Bolsonaro é ao mesmo tempo o grande beneficiário e o grande incentivador do império da opinião. A estratégia deliberada de se colocar de maneira contrária a evidências científicas serve exatamente para fortalecer essa nova esfera pública. Tal estratégia foi empregada com particular força no contexto dos imensos incêndios florestais de 2019 e 2020, quando o presidente sempre tentou atribuir às evidências das mudanças climáticas apenas o status de versão, uma opinião válida como qualquer outra. Mas é no contexto da pandemia de covid-19 que isso se manifesta de maneira mais clara. Nas duas primeiras semanas de março de 2020, Bolsonaro adotou um discurso alinhado com o de seu ministro da Saúde de então, Luiz Henrique Mandetta. Ele inclusive desincentivou publicamente seus apoiadores a irem às ruas para a manifestação contrária ao presidente da Câmara dos Deputados e ao Supremo Tribunal Federal (STF) prevista para 15 de março. No entanto, mudou radicalmente seu discurso a partir daquele domingo, quando foi visto saudando os manifestantes e participando da aglomeração. No mesmo dia, deu uma entrevista à CNN Brasil, canal de televisão (que então estreava) simpático a seu governo, com um tom crítico às medidas que havia defendido poucos dias antes. A partir de então iniciou um trabalho de descrédito da ameaça sanitária e dos cientistas. Essa atitude surpreendeu boa parte da elite empresarial e de formadores de opinião. Mas o que se esperava? Que ele agisse para responder com base em evidências científicas? Que assumisse a postura de líder que uniria a nação? Bolsonaro teria morrido politicamente se tivesse persistido na linha que adotara nas primeiras semanas de março.

O presidente espertamente criaria a partir daí duas controvérsias discursivas que pautaram o debate público ao longo do ano: a da dicotomia entre economia e saúde e a da eficácia de fármacos para a cura da covid-19. Existem evidências científicas de que a piora da saúde da população influencia negativamente a atividade econômica. Bolsonaro, no entanto, criou a dicotomia por prever duas crises pelas quais poderia ser responsabilizado. A primeira, a crise sanitária, e a segunda, a econômica. Ao jogar uma contra a outra, desresponsabilizou-se previamente pelo elevado número de mortes que a primeira causaria, assegurando ter uma razão nobre para fazê-lo: evitar a fome e o desemprego acarretados por uma crise econômica. Ao mesmo tempo, esquivou-se da responsabilização pela crise econômica que se aproximava ao atribuí-la às medidas tomadas por outras instituições (Legislativo, Judiciário e governos locais) no combate à pandemia. Daí a polarização constante com qualquer medida de contenção do vírus e o sucessivo boicote administrativo, evidenciado pelo levantamento feito pelo Centro de Estudos e Pesquisas de Direito Sanitário, da Universidade de São Paulo (Cepedisa-USP), e pela Conectas Direitos Humanos.[26] A estratégia perversa atingiu seus fins: o presidente conseguiu elevar o custo político das medidas restritivas para todos os incumbentes no Brasil, o que se verifica no fato de nenhum governador ou prefeito de capital ter adotado um lockdown real, mesmo nos picos das piores ondas, que ceifaram mais de 3 mil vidas por dia. Por outro lado, ainda mais bem-sucedida foi a insistência em afirmar a eficácia de fármacos específicos — em particular cloroquina, hidroxicloroquina e ivermectina — contra a covid-19, naquilo que se convencionou chamar de "tratamento precoce".

Entre julho de 2020 e março de 2021, pelo menos 26 revisões sistemáticas publicadas em revistas científicas "padrão-ouro" mostraram que a cloroquina e a hidroxicloroquina são ineficazes contra a covid-19. As evidências científicas abundantes levaram a OMS a emitir uma nota no dia 1º de março de 2021 solicitando que países não usassem esses fármacos no tratamento da doença. O governo federal não apenas estimulou o uso como fez vultosas compras e distribuição deles. Contra as evidências, recorreu a relatos de médicos de consultório privado e a ensaios clínicos sem nenhuma relevância estatística, e usou a máquina do Ministério da Saúde. Nos trabalhos da Comissão Parlamentar de Inquérito da Pandemia, instalada em maio de 2021, ficou clara a intenção do governo de usar a CPI não para se defender, mas para tirar proveito dessa audiência de modo a desacreditar a ciência, tornando-a apenas mais uma opinião. Ao longo das primeiras oito semanas, as falas dos senadores governistas Luis Carlos Heinze (Progressistas-RS), Marcos Rogério (Democratas-RO) e Eduardo Girão (Podemos-CE) se utilizaram da comissão para promover um simulacro alternativo à ciência, para mostrar que a questão da cloroquina ainda estava em debate, que "existiam dois lados", que haveria "especialistas que defendem, outros que rejeitam". Chegaram ao cúmulo de conseguir que a CPI convidasse dois "especialistas" para rebater o uso do medicamento e dois "especialistas" para defendê-lo. Nada é mais sintomático de que algo é do registro da opinião que escutar os dois lados de maneira equânime, como se se tratasse de um julgamento subjetivo, e não de uma análise objetiva. Enquanto os senadores de oposição tentavam usar a CPI para incriminar o presidente, os governistas souberam escapar de uma defesa estéril do mandatário e se aproveitaram de maneira inteligente do espaço para aprofundar o império da opinião e abolir de vez a figura de autoridade da "ciência".

O já mencionado estudo liderado por Cláudia Galhardi fez uma análise quantitativa das notícias falsas produzidas e propagadas sobre a covid-19 no Brasil.[27] O estudo aponta que 71,4% das mensagens falsas veiculadas pelo WhatsApp citam, de maneira falaciosa, a Fiocruz como fonte de textos a respeito da doença. Isso mostra que, para gerar no leitor a impressão de verossimilhança, mesmo quando falso um conteúdo precisa se referir a alguma autoridade. O uso de instituições públicas como forma de chancela para conteúdos negacionistas foi uma tônica durante toda a pandemia, seja por vias de falsificação — como no caso da Fiocruz —, seja por via de aparelhamento ideológico. Foram diversas as afirmações de instituições da República que conferiram legitimidade àquilo que o processo científico já havia descartado. Ao longo do ano de 2020, vimos o Ministério da Saúde validar e estimular o tratamento precoce, vimos a Procuradoria-Geral da República fazer considerações no mínimo imprecisas sobre o uso de máscaras, vimos tribunais de Justiça estaduais se pronunciando contra o distanciamento social. A referência de autoridade que Bolsonaro não poderia encontrar na ciência para justificar suas políticas ele encontrou no uso indevido das instituições para esse fim.

Ao se transformar absolutamente todo discurso da esfera pública meramente em registro da opinião, opera-se uma mudança em relação à percepção entre representado e representante. O representante deixa de ser aquele que deveria exercer a função de representação dos interesses do representado para se tornar aquele que simplesmente concorda com ele. Ora, a concordância que se constrói é sobretudo nas opiniões mais veladas, aquelas que o "politicamente correto" ou outras formas de "controle social" do discurso público impedem que sejam ditas. O sentimento de representação é aquele que diz o que o representado gostaria de dizer e não pode. Bolsonaro se constitui como a autoridade que chancela os preconceitos antes contidos, ou latentes. Em seu livro *A superindústria do imaginário*, o professor Eugênio Bucci resgata o conceito lacaniano de "valor de gozo" para afirmar que, nas redes sociais, este substitui o "valor de uso".[28]

Nesse caso, trata-se do "gozo dos poderosos". Em paralelo à transformação de todo discurso público em opinião, opera-se um fenômeno de redução da fronteira de conflito do nível macro — capital vs. trabalho ou povo vs. elites — para a esfera micro do cotidiano do indivíduo e suas interações sociais — o forte vs. o fragilizado. A extrema direita, ao contrário dos liberais, parece ter lido Michel Foucault. Uma leitura superficial das obras do filósofo francês deixa entender que o poder não está concentrado nas instituições políticas: ele está distribuído e presente em todas as interações sociais. Em famoso debate com o linguista Noam Chomsky, depois publicado em livro, Foucault afirma que

uma das tarefas, a que creio ser a mais urgente, imediata e acima de todas as outras é a seguinte: nós temos o hábito ao menos em nossa sociedade europeia de considerar que o poder está localizado nas mãos do governo e é exercido por um certo número de instituições bastante particulares, que são a administração, a polícia, o Exército. Sabemos que todas essas instituições têm como função transmitir ordens, aplicá-las e punir aqueles que não obedecem. Mas eu acredito que o poder político é exercido pelo intermédio de um certo número de instituições que dão a impressão de nada possuírem em comum com o poder político, que dão a impressão de serem independentes.[29]

O discurso de Bolsonaro é direcionado a todo aquele que tem poder, ainda que seja um poder dentro de uma situação subalternizada. É o dono da birosca que tem poder sobre o garçom, o pastor de porta de garagem sobre seu fiel, o marido que deseja submeter sua esposa, o guarda da esquina que tem poder sobre os transeuntes, o motorista que tem poder sobre os pedestres e ciclistas, o cafetão que tem poder sobre a prostituta, entre tantos outros. Bolsonaro assobia para quem tem poder e sua mensagem é clara: não tenha medo de exercê-lo. Não haverá limites para a realização de qualquer impulso, desde que circunscrito nessa microrrelação. O trabalhador se sentirá autorizado a descontar no corpo de sua esposa toda a opressão vivida na cidade, o garimpeiro, a desmatar sem se preocupar em ser pego, o motorista, a desrespeitar as regras de trânsito impunemente, o homofóbico, a espancar uma pessoa por sua orientação sexual. A senhora de classe média que não deseje pagar hora extra para a empregada doméstica se achará legitimada a fazê-lo. O discurso bolsonarista é feito visando essa fronteira entre o indivíduo e as construções sociais que limitam os seus micropoderes no dia a dia. Para que, em toda interação em que haja desequilíbrio de poder, a pessoa mais fragilizada não possa recorrer a construções sociais — como o direito e as instituições — e a pessoa em situação de vantagem possa gozar do exercício desse poder sem nenhum freio. O bolsonarismo é pornográfico; é a promessa de um gozo pleno para todos aqueles que detêm algum nível de poder no país. A suspensão se dá primeiro na ordem do discurso, ao tornar tudo opinião. Em seguida, na destruição de todas as instituições cuja função é proteger os mais vulneráveis da ação dos "fortes".

Toda essa operação se dá no âmbito de uma demanda por

maior liberdade de expressão. Não à toa, a militância repete exaustivamente ser esse o direito mais importante de todos. A liberdade de expressão é aquilo que permite a manifestação de toda opinião, de quem quer que seja, e não deveria — na visão dela — ser cerceada ou controlada por qualquer construção social. A vontade individual e a opinião devem ser defendidas doa a quem doer. Liberdade significa, portanto, fazer o que "der na telha", sem que haja qualquer limitação aos impulsos do indivíduo. A imagem de indivíduo é claramente enviesada: ela é pensada a partir de uma visão eurocêntrica, branca, masculina e heteronormativa. Para esse indivíduo, querer é poder. Quando seu desejo não é saciado, jamais é um problema do indivíduo, jamais é por falta de competência, mas porque alguém o impediu. Os comerciais de automóveis enunciam esse indivíduo. Montado em motociatas, ele grita por um mundo em que não exista esforço, apenas gozo. Bolsonaro deseja a sociedade pré-hobbesiana, aquela que não precisa de nada nem de ninguém. Uma sociedade em que os mais fortes mandam e podem lançar mão de qualquer recurso para fazer valer o gozo de seus impulsos. Todo aquele que tentar se interpor entre o "cidadão de bem" e a realização de seus desejos é o inimigo: as feministas, os movimentos negros, os sindicatos, em suma, qualquer construção coletiva que funcione como freio. A simples existência do inimigo é um cerceamento a essa liberdade. Portanto, o inimigo deve ser desconstituído ou exterminado. Como diria Carl Schmitt, "ao inimigo total, guerra total".[30]

No dia 7 de outubro de 2020, Bolsonaro declarou: "Eu acabei com a Lava Jato, porque não tem mais corrupção no governo".[31] Muitos tomaram essa afirmação como uma provocação hipócrita de um presidente inundado em acusações de desvios e que desfez os principais mecanismos institucionais de combate à corrupção. A afirmação de Bolsonaro, apesar de factualmente falsa, é politicamente verdadeira. Não há dúvida de que muitos se escandalizam com a corrupção endêmica de nosso sistema político, mas a história brasileira mostra que o discurso anticorrupção se torna politicamente potente sobretudo quando adquire outro significado além do simples "desvio de recursos públicos". A corrupção é um significante vazio, que as classes médias associam a governos populares — isto é, governos que expandem direitos das classes subalternizadas. O discurso anticorrupção foi efetivo politicamente quando dirigido contra Getúlio Vargas, Juscelino Kubitschek, João Goulart, Lula e Dilma. Não que esses governos não tenham sido marcados por atos de corrupção reais e inaceitáveis, mas foi sobretudo contra eles que o discurso anticorrupção efetivamente ganhou força. É isso que Bolsonaro está comunicando ao dizer que acabou com a corrupção. Acabou com qualquer política de expansão de direitos dos mais pobres, acabou com qualquer medida que pudesse contrabalançar a natureza desigual das relações de força na sociedade. E é por isso que parte significativa dos movimentos anticorrupção concorda com a premissa de que agora não há mais corrupção no governo.

O discurso de combate à corrupção no bolsonarismo não significa combate a desvios de recursos públicos ou a tráfico de influência. Significa um processo de "desesquerdização" do Estado e da sociedade. Significa a subtração de qualquer ação organizada e a decomposição dos instrumentos existentes de organização coletiva que possam frear o ímpeto dos "cidadãos de bem". Por essa razão, não se estabelece nenhuma medida restritiva para combater um vírus, para combater o desmatamento da Amazônia, para combater as desigualdades, entre tantas outras.

Parece pouco possível separar o objetivo de destruição do Estado administrativo brasileiro da estratégia de transformação da esfera pública em império da opinião. São movimentos que se alimentam constantemente — e aí entramos no âmago da estratégia política de Bolsonaro. Seus comportamentos se explicam não pela lógica da ação política, mas pela dinâmica das redes sociais. Ao contrário da maioria da classe política, que usa as redes como instrumento de comunicação a serviço do jogo político, o presidente inverte essa lógica. O jogo político, o mundo analógico, as instituições, os atos administrativos, as declarações, os gestos estão todos a serviço da dinâmica das redes sociais. Bolsonaro transformou o mundo analógico em um grande estúdio de produção de conteúdo para essas plataformas.

O público-alvo do presidente é aquele que está nas redes sociais. Sua estratégia — típica do ativismo — é converter o apoio que tem nas redes on-line em mobilização off-line e constante — e, por conseguinte, que esta alimente as redes. Existem três grandes desafios para o ativismo em tempos de mídias sociais: o primeiro, um desafio de formação de *constituency*, o segundo, um desafio de canal, o terceiro, um desafio de continuidade e profundidade do engajamento.

Na era televisiva e da comunicação de massa, o importante era falar para o maior número de pessoas, seguindo a lógica do broadcasting — de um para muitos. As redes sociais funcionam a partir da lógica do *multicasting* — de muitos para muitos. Ou seja, o que importa é conseguir falar com *constituencies* específicas. Como chegar a elas é um grande desafio, pois as redes sociais replicam a atomização da sociedade em uma plataforma. Cada usuário é um perfil que se relaciona à distância e de maneira transacional com outro perfil. O perfil reflete seus gostos, sua personalidade, mas sobretudo sua opinião com relação àqueles que pensam parecido (*filter bubble*).[32]

Da perspectiva do ativista que quer formar um movimento, as redes sociais são difíceis de penetrar. Existem, no entanto, duas estratégias para romper a *filter bubble* e alinhar audiências distintas. A primeira é conquistar seguidores a partir de suas opiniões. Sabe-se que algumas plataformas de redes sociais privilegiam o conteúdo que gera mais interação no momento de sua postagem. Quanto mais absurdo, mais interações. Quanto mais interações, maior o alcance. Quanto maior a audiência, maior a capacidade de conquistar um grande número de seguidores.

A segunda estratégia é fidelizar esses seguidores, dando-lhes proximidade. A partir do momento em que obtém muitos seguidores, o perfil se torna um *influencer*, isto é, um perfil seguido por muitos perfis. Manter esses seguidores ativos e sempre interagindo é fundamental. De modo que a melhor coisa é compartilhar tudo que se pode, trazer o seguidor para mais perto, quase como se estivesse em um reality show. O influenciador dá opinião imediata sobre questões que estão sendo debatidas, compartilha momentos de sua vida e intimidade e, quando é muito bom, aproxima os seguidores de sua jornada.

Bolsonaro se constituiu como um espetacular *influencer* e foi assim que se elegeu. Para fidelizar o público e mantê-lo constantemente engajado, foi necessário criar uma jornada do herói que as pessoas pudessem acompanhar: com adversários, obstáculos, provações e grandes emoções. Mas não basta ser apenas um *influencer* extraordinariamente ativo: o segredo é fusionar diversas *filter bubbles* em uma só, cujo único denominador comum é ele próprio. Assim, o influenciador se transforma em canal de comunicação e em única fonte de informação. Cria-se um mundo paralelo, um simulacro, onde a miríade de blogs, perfis e *influencers* gira em torno da estrela central Jair Bolsonaro. Durante as eleições, o ex-capitão se constituiu como canal e soube habilmente fundir bolhas diferentes: os neoudenistas da luta contra a corrupção com os neopentecostais e com os neofascistas.

Desde sua eleição, Bolsonaro tem como meta se constituir como único canal de uma parcela importante da população. Cada ato na Presidência é pensado na consolidação e na expansão de uma gigantesca *filter bubble* que dele dependa. Para isso, foi necessário deflagrar uma guerra com a imprensa e com as instituições, transformar qualquer crítica ou denúncia de corrupção inválida para seu público e ir expandindo-o cada vez mais. As pautas-bomba introduzidas pelo presidente não visam ser aprovadas, mas apenas gerar discórdia. Talvez a mais reveladora tenha sido a tentativa de nomear o filho embaixador dos Estados Unidos, em 2019, porém todas seguem sempre o mesmo fio lógico: quanto mais propostas absurdas são apresentadas, mais a imprensa e os contrapoderes são obrigados a criticar e impedir os atos presidenciais. Logo, a narrativa de que Bolsonaro é perseguido pela imprensa e pelas instituições se confirma aos olhos do público de seus canais. No exemplo mencionado, ele parecia mais interessado em provocar uma enxurrada de críticas previsíveis da imprensa, impondo às instituições a obrigação de rejeitar mais uma de suas propostas estapafúrdias, do que de fato em nomear o filho para Washington. Para sua *filter bubble* expandida, ficava claro que as instituições perseguiram Bolsonaro a tal ponto que atingiram até mesmo membros de sua família.

No ativismo digital, trabalha-se com a noção de curva de engajamento: sabe-se que, para manter as pessoas engajadas e a audiência atenta, é necessário oferecer ações sempre mais profundas para os seguidores. Se de início um seguidor curtiu as postagens de Bolsonaro, ele rapidamente passou a assistir a todos os seus vídeos, para em seguida se informar apenas por meio de blogs bolsonaristas, e por fim ir para as ruas defender o presidente. Bolsonaro começou como *influencer* para logo se tornar um canal e busca agora transformar esse canal — essa *filter bubble* expandido — em uma infraestrutura de mobilização constante. Infraestrutura de mobilização é aquilo que permite conformar maiorias políticas. Na revolução bolsonariana, as eleições não servem para conformar maiorias, e sim apenas para legitimar institucionalmente a capacidade de organização e mobilização dessas infraestruturas. É através delas que se poderá viabilizar uma nova forma de governar que não passe pelas instituições, mas apenas pela vontade das maiorias politicamente organizadas.

Essa forma de atuar traz dividendos políticos reais para o presidente. Por jogar um jogo político que a classe política desconhece, ele acaba por orientar e pautar as ações desta. É o regente da orquestra, o diretor da peça: aquele que atribui papéis, escreve as falas e determina quem entra e sai do palco. Ele nomeia seus inimigos e os obriga a fazer oposição nos seus termos. Seus opositores podem até escolher as palavras, mas o conteúdo de seus discursos é definido pela gramática desenhada por ele. Seus constantes ataques verbais às instituições e os ensaios de golpe obrigam seus opositores a adotar um discurso de defesa do estado democrático de direito. Sua verborragia alucinada força todos a defender a moderação e a razão. Bolsonaro nos obriga a chamá-lo de fascista, de golpista, de negacionista, de burro, de genocida... Todo dia temos um novo adjetivo para ele.

O resultado é que, além de delimitar o campo semântico dos oponentes, Bolsonaro se coloca na posição de vítima, de alguém que é perseguido pelos defensores do Iluminismo — algo abstrato e alheio à realidade da população brasileira —, de alguém que é impedido de exercer o bom governo. As instituições, afinal, só existem para constrangê-lo e manietá-lo. Bolsonaro encurrala seus adversários, forçando-os a praticar um discurso elitista e condescendente que se comunica com pouca gente. Enquanto os opositores estiverem presos a ele, Bolsonaro sabe que poderá dialogar com os anseios de parte expressiva do eleitorado.

Na prática, Bolsonaro consegue neutralizar a diversidade existente entre seus adversários (que vão da extrema esquerda à direita conservadora), fazendo com que todos se pareçam entre si, como se fossem a reencarnação de um udenismo estridente e antipopular. Quanto mais as oposições insistem em se contrapor ao

53

presidente com base nesses valores, mais encarnam o inimigo enunciado e denunciado por ele: uma elite aprisionada pelo politicamente correto, globalista, esquerdista, afastada da nação, dos valores, da realidade do povo e que se julga moralmente superior.

O des-governo tem uma vantagem tática adicional: deixa os opositores perdidos. Afinal, o vocabulário da oposição é o de criticar ou propor alternativas àquilo que é realizado pelo governo. Mas o que ela deve fazer quando o governo se recusa a realizar? Como se opor a isso? Denunciando que nada se faz e pedindo realizações? Essa dinâmica joga a responsabilidade de governar no colo da oposição, que, obviamente, não tem os meios para isso. É quase como se ela fosse obrigada a se comportar como governo e, assim, permitisse que este se comporte como oposição. Se fosse jogador de futebol, Bolsonaro seria aquele que, em vez de buscar o gol, senta em cima da bola. Os adversários, ávidos para prosseguir a partida, tentam recuperá-la, mas só conseguem fazê-lo empurrando o jogador ou distribuindo tantas patadas na bola que terão cometido falta no atleta. A estratégia funcionou por um ano durante a pandemia: o presidente subtraiu a si mesmo, obrigando seus opositores a pedirem medidas mais restritivas e impopulares. O repertório narrativo do governo ficou com os opositores e os resultados foram desastrosos. Bolsonaro, no que lhe dizia respeito, ficou com o repertório da "liberação dos cidadãos de bem", do líder que luta por eles e se preocupa com a dura realidade do cotidiano. Por isso, apesar da montanha de mortos, sua popularidade ainda resiste.

Bolsonaro fala com seus seguidores sem que seus opositores entendam o que ele realmente diz. Avança sobre os adversários com força, como quem vê sem ser visto, como quem fala sem ser escutado... E seus opositores não conseguem senti-lo.

O PRECONCEITO COM A MÍSTICA NOS IMPEDE
DE SENTIR BOLSONARO

O bolsonarismo contém uma importante inovação: ele recupera a mística na política. Essa característica tende a ser pouco valorizada nas democracias liberais, em que o fenômeno "político" é em geral reduzido ao conjunto de relações entre as instituições públicas. Existe pouco espaço para o entendimento do "político" como uma dimensão separada da dimensão "institucional/burocrática". Pode-se atribuir esse reducionismo a uma determinada cosmovisão liberal abordada no início deste capítulo, que confere um protagonismo excessivo ao indivíduo e à racionalidade como forma de concepção e entendimento da realidade.

Todo e qualquer misticismo na esfera pública será rapidamente combatido e condenado a priori como "obscurantismo", como negação do Iluminismo. O fenômeno religioso é muitas vezes categorizado como fleuma, ora como forma de alienação, ora como fenômeno folclórico e tradicional. A Revolução Francesa, expressão política radical do Iluminismo, rompeu com a religião, até mesmo na formulação de um calendário que não guardasse qualquer analogia com a Igreja. Estabeleceu o laicismo praticamente como religião de Estado. No marxismo ortodoxo também não seria diferente, com a religião sendo vista como "ópio do povo", alienando as pessoas daquilo que de fato importa. A crença em razões sobrenaturais para explicar os problemas cotidianos seria uma maneira de controlar os oprimidos e, assim, garantir a sua sujeição a um determinado equilíbrio de forças.

Quando não é percebida como alienação dos oprimidos que impede a sua libertação, a religiosidade é tratada como fato folclórico, da ordem da tradição cultural dos povos e aceita, portanto, nessa condição. A visão condescendente dos liberais em relação a ela concede a liberdade religiosa, sempre circunscrevendo-a ao "foro íntimo". A religiosidade, no entanto, nem sempre pode ser vivida de maneira introspectiva e subjetiva. As Igrejas cristãs são profundamente gregárias. As principais religiões monoteístas têm uma importante dimensão ortopráxica — que dá ênfase à conduta — que influencia o comportamento dos crentes no dia a dia: não se trata apenas de ter a "crença correta", é necessário adotar "práticas corretas". O caráter proselitista das confissões cristãs e islâmicas colide diretamente com a ideia de que a experiência religiosa deve se circunscrever ao espaço íntimo do indivíduo.

O fenômeno religioso é visto ora negativamente, ora de maneira condescendente pela tradição iluminista. Isso significa que todo misticismo na política deve ser combatido, como se a única via democrática fosse aquela embasada apenas na racionalidade e no indivíduo. Ora, a política pode, sim, estar permeada de conceitos de ordem teológica, de cosmovisões outras que sobrepassam os limites da individualidade e da racionalidade, como supõe o conceito de "teologia política". Para o teórico alemão Carl Schmitt, o catolicismo deve ser visto como o fundamento do Estado moderno, visto que todos os conceitos da doutrina deste são conceitos teológicos secularizados.[33] A teologia seria, por natureza, política. A tese do jurista alemão é controvertida e foi devidamente criticada por diversos pensadores — juristas, filósofos e teólogos.

O comportamento político, assim como o religioso, escapa muitas vezes à racionalidade do Iluminismo. Existe vasta literatura na ciência política que aborda comportamentos não racionais do eleitor. Uma literatura institucionalista cada vez mais crescente busca encontrar respostas para a pergunta: "Por que eleitores escolhem governantes incompetentes?". Alguns estudos e modelos indicam inclusive que a incompetência pode gerar importantes benefícios eleitorais. Essa linha de pesquisa vem se somar a uma linha mais tradicional e bem desenvolvida — tanto empírica quanto teoricamente — sobre governos populistas. Não faltam estudos que enfatizam a importância da relação direta da liderança carismática com seu eleitorado como um fator que contribui para ofuscar a escolha racional do eleitor. No capítulo 3, Newton Bignotto desenvolve a discussão teórica sobre populismo, vinculando-a diretamente ao conceito de cesarismo, surgido em meados do século xix.

A noção de carisma — tão importante para entender experiências políticas que escapam à lógica racional — é tomada do campo religioso. O Novo Testamento, em particular nas Epístolas de São Paulo, faz referência constante aos dons espirituais conferidos pelo Espírito Santo às pessoas para fazerem o bem:

> Há diversidade de dons, mas o Espírito é o mesmo; diversidade de ministérios, mas o Senhor é o mesmo; diversos modos de ação, mas é o mesmo Deus que realiza tudo em todos. Cada um recebe o dom de manifestar o Espírito para a utilidade de todos. A um, o Espírito dá a mensagem de sabedoria, a outro, a palavra de ciência segundo o mesmo Espírito; a outro, o mesmo Espírito dá a fé; a outro ainda, o único e mesmo Espírito concede o dom das curas; a outro, o poder de fazer milagres; a outro, a profecia; a outro, o discernimento dos espíritos; a outro, o dom de falar em línguas, a outro ainda, o dom de as interpretar. Mas é o único e mesmo Espírito que isso tudo realiza, distribuindo a cada um os seus dons, conforme lhe apraz. (Primeira Epístola aos Coríntios 12,4-11)

Max Weber toma emprestado o tema do carisma da sociologia das religiões e o aplica à sociologia política. O sociólogo distingue três formas legítimas de dominação pela autoridade: dominação legal-racional, dominação tradicional e dominação carismática. Ele define esta última como um modo de "submissão extraordinária à sacralidade, virtude heroica ou valor exemplar de uma pessoa, ou mesmo [emanada] de ordens reveladas ou emanadas por esta". Nesse caso, "obedece-se ao líder como tal, um líder carismático qualificado em virtude da confiança pessoal em sua revelação, heroísmo ou valor exemplar e na extensão da crença em seu carisma".[34]

As dimensões política e religiosa encontram outro ponto em comum na medida em que rompem com as rígidas fronteiras do indivíduo impostas pelo Iluminismo. O próprio conceito de "ressurreição" no cristianismo pode ser interpretado como uma vitória do espírito sobre a matéria,[35] da via espiritual sobre a via carnal. A noção de "devir" do teólogo católico Karl Rahner pode ser vista como uma transcendência humana, um exercício de autossuperação, de ir ao encontro do "outro".[36] Por outro lado, a dimensão política é um exercício coletivo, e a coletividade não equivale a uma acumulação de indivíduos justapostos, mas à formação de um novo sujeito. Em suma, o indivíduo não é o sujeito da política, nem da religião.

O filósofo Paulo Arantes, em *O novo tempo do mundo*, resgata dois conceitos do teórico Reinhart Koselleck: *campo de experiência* e *horizonte de expectativa*. Há uma memória compartilhada daquilo que aconteceu e o sentimento daquilo que se espera, que se deseja no porvir. A partir da Revolução Francesa, essas duas dimensões se separam e entramos numa era de grande espera: a noção de futuro que está por se construir. A política é capaz de ampliar o *horizonte de expectativa*, permite articular um futuro desejável e construir um desejo que projeta um futuro radicalmente diferente do presente.

A constituição desse *horizonte de expectativas* se conjuga com a dimensão ideológica — desenvolvida em profundidade por Newton Bignotto no capítulo 3. De acordo com o autor, a construção de uma nova visão de mundo implica a construção de ficções. A ficção bolsonarista seria a de reduzir a pluralidade e a imensa diversidade da população brasileira em uma identidade única de povo brasileiro. Esses sujeitos almejam um futuro diferente do presente vivido. E diferente também do passado, como desenvolve Heloisa Murgel Starling no capítulo 2.

Seja através da ideologia, seja através da formação de um horizonte de expectativas, a dimensão "política" adquire certo nível de transcendência em relação ao indivíduo. A formulação de expectativas, a visão de um futuro, atribui sentido para as ações do presente e encontra, portanto, paralelo na experiência religiosa de ir em direção ao mistério.

Após duas décadas de governos progressistas — em que Partido da Social Democracia Brasileira (PSDB) e PT se alternaram na função de "administrador do condomínio" (para usar a expressão de Paulo Arantes) e reduziram a ação política à gestão de políticas públicas —, finalmente surgiu uma candidatura que resgata a política como formuladora de um horizonte de expectativas, como orientadora de uma visão de mundo, como defensora de valores inegociáveis. Isso não significa que PT e PSDB estivessem desprovidos de ideologia (muito pelo contrário), apenas que o nível de realismo racional e iluminista foi tamanho que sufocou qualquer sonho transcendental relacionado à política.

O resgate da dimensão do político é particularmente importante para determinados grupos sociais, em especial os grupos religiosos. O Brasil tem se tornado cada vez mais evangélico. Nos anos 1970, os evangélicos/protestantes representavam apenas 5% dos brasileiros. Cinquenta anos depois, representam cerca de 30% da população, e as projeções indicam que na década de 2030 seu número passará o de católicos, cuja queda é proporcional ao crescimento evangélico. Esse crescimento demográfico se reflete em espaços de representação política, midiática e cultural.

O mesmo preconceito que é lugar-comum quando se trata de religião piora significativamente quando a religião em questão é o cristianismo evangélico. O antropólogo Juliano Spyer associa o preconceito contra evangélicos a uma forma de preconceito de classe. Ele resgata a tese da pesquisadora Cláudia Fonseca, para quem as classes privilegiadas brasileiras nutrem uma percepção ora de exotismo, ora de condenação em relação aos pobres. Na formulação do autor,

> o "exotismo" pode ser relacionado também a distância ou proximidade. O favelado que vive longe pode ser idealizado, mas para os que habitam os mesmos espaços, os conceitos usados para falar sobre eles tendem a ser "violência", "promiscuidade" e "famílias desestruturadas".[37]

Spyer resgata também o argumento de Susan Harding, antropóloga americana que estuda o cristianismo evangélico em seu país — e que atribui a rejeição de evangélicos por antropólogos ao fato de aqueles não aceitarem a "posição passiva de vulneráveis":

> Diferente de outros grupos da sociedade que aceitam ou se resignam a serem vistos como mais frágeis, os evangélicos geralmente não falam de si como vítimas do sistema, e essa rebeldia é um dos motivos para intelectuais que se colocam como porta-vozes de indígenas, quilombolas e mesmo de pobres urbanos terem uma antipatia por eles, que dispensam essa intermediação para assumir a responsabilidade por se colocar na sociedade e interagir com ela.[38]

Spyer prossegue: "Ainda mais quando o religioso também rejeita ser humilde e submisso, por isso é acusado de ser manipulado ou de ser avarento por querer ter as mesmas coisas que seus críticos desfrutam: viajar, se vestir bem e ir a restaurante".[39] Em uma crítica direta ao catolicismo, o autor concluirá que

> a mesma lógica hierárquica do catolicismo repudia neopentecostais que abraçaram a teologia da prosperidade, querem mobilidade so-

cial, acesso ao mesmo tipo de consumo e às mesmas experiências que as camadas abastadas já têm. E agora pentecostais e neopentecostais são criticados e atacados por terem ambições políticas, apesar de esses projetos não serem os mesmos defendidos pelos representantes bem formados, com cursos universitários e pós-graduação na França.[40]

O preconceito teria também um aspecto racial, pois, de acordo com Spyer, "pretos e pardos pobres convertidos ao protestantismo ascendem socialmente e ocupam o espaço de brancos de herança católica, inclusive se fazendo presentes dentro do Estado. Isso está acontecendo de maneira pacífica [...]".[41]

Menosprezar a inteligência e a cultura do mundo cristão evangélico impede qualquer análise mais profunda sobre o Brasil do presente. Para entender melhor como Bolsonaro é sentido por esse segmento da população, é necessário analisar suas ações e atribuir-lhes sentido a partir de uma cosmovisão cristã evangélica. Não é possível compreender as atitudes do presidente deixando de lado a exegese que uma parte importante das Igrejas evangélicas faz sobre o Apocalipse, de São João.

A atribuição de sentido às ações políticas por uma tradição religiosa não é novidade. Alguns autores, como o professor Philip Gorski, da Universidade Yale, afirmam que as intervenções do Exército americano em países estrangeiros encontram significação em uma tradição religiosa específica. Ele chama de American Religious Nationalism (ARN) a síntese de dois discursos: a Narrativa da Conquista e o pré-milenarismo apocalíptico. Ou seja, a conquista do interior que resultou no massacre das populações indígenas daquele país, a invasão do Iraque, entre tantos outros acontecimentos violentos, encontram um significado de ordem profético-religiosa. Estão conectadas a passagens do Antigo Testamento, em particular às que fazem alusão a conflitos violentos em Juízes, 1º

Livro dos Reis, 2º Livro dos Reis, 1º Livro de Samuel e 2º Livro de Samuel.[42] A aliança com Deus e com a nação se dá através do sangue. Ela encontra significação também em leituras escatológicas como o livro de Daniel (Antigo Testamento) e o Apocalipse (Novo Testamento). Historicamente, as Igrejas cristãs de diferentes denominações tinham uma interpretação mais simbólica desses textos, mas isso vem mudando ao longo do século XX. Não são poucas as Igrejas norte-americanas que hoje têm uma visão mais literal sobre eles, como se fossem predições de uma guerra cósmica entre o Bem e o Mal, que culminará na salvação dos crentes, na segunda vinda do Senhor Jesus Cristo e em seu reino de mil anos.

Essa interpretação literal conferida às Escrituras se chama dispensacionalismo. Etimologicamente, "dispensação" tem raiz em "administração". A Bíblia é, assim, dividida em dispensações que representam uma interação de Deus e "os homens". Cada era é "administrada" a partir de algum acordo entre Deus e "os homens". Cabe portanto à humanidade garantir que o plano de Deus para a era em questão seja executado. O dispensacionalismo é profético e encontra muito mais ancoragem no Antigo Testamento do que no Novo. No entanto, o grande livro profético do Novo Testamento é constantemente citado.

O livro do Apocalipse versa sobre o fim do mundo. Jesus Cristo aparece para João[43] na ilha de Patmos, no mar Egeu, durante um período de acentuada perseguição a seitas religiosas, orquestrada pelo imperador Domiciano (51-96 d.C.). Pede-lhe que escreva para as autoridades (anjos) das sete maiores igrejas da Ásia Menor (atual Turquia), reprovando certas condutas perpetradas por seus líderes e exaltando outras. João vê o Cordeiro (Cristo) e os "144 mil marcados" (pessoas — servos de Deus — que recebem proteção divina contra as tribulações que irão acometer a terra) diante de si. Todos os marcados têm escrito na testa o nome do

Senhor. Eles não se deixaram convencer por crenças pagãs; são imaculados (Apocalipse 14,5).

Surgem três anjos. O primeiro anuncia a hora do Juízo Final (14,7) — João avista anjos sentados sobre nuvens que, com foices, começam a ceifar os seres humanos vivos —, o segundo anuncia a queda da Grande Babilônia (14,8), o terceiro anuncia que quem tiver a marca da Besta e adorá-la irá receber o furor de Deus (14,11). Surgem sete anjos com as sete taças da ira de Deus sobre a terra. Cada taça jogada tem consequências trágicas: uma delas mata os que possuem a marca da Besta (16,2), outra mata todas as criaturas do mar (16,3), outra é derramada sobre o sol, que passa a ter o poder de queimar os homens (16,8). Ainda assim, os homens continuam a não se arrepender de seus pecados (16,11). Os exércitos se reúnem em Armagedon, o lugar da batalha final contra o Mal (16,16). A Babilônia, símbolo da imoralidade, é destruída (18,21-24). João vê todo o exército inimigo, liderado pela Besta, o falso profeta e os reis da terra. Tanto a Besta quanto o falso profeta (a segunda Besta) são lançados vivos no lago de fogo que arde com enxofre. Os demais são mortos pelo Cavaleiro do cavalo branco — Cristo (19,19-21). João vê um anjo trazendo dos céus a chave do Abismo e uma grande corrente. O anjo acorrenta o Dragão (o Diabo), lança-o no Abismo e o mantém preso com um selo. João vê um novo céu e uma nova terra. O mar não existe mais. João vê uma Jerusalém nova descendo dos céus, preparada como uma noiva para o seu marido, o Cordeiro (21,2). Uma voz do trono de Deus diz que o Senhor estará com eles sempre e que não haverá mais morte nem dor, pois a antiga ordem já passou (21,4). Na cidade jamais entrará algo impuro; só terão acesso a ela aqueles cujo nome está escrito no livro da vida do Cordeiro. A segunda vinda de Cristo equivalerá a mil anos de seu reino.

Existem três exegeses sobre o milênio — os mil anos em que Jesus reina com os escolhidos. O *amilenarismo* rejeita a presença física de um reino na terra; os mil anos seriam, portanto, figurativos e a Nova Jerusalém seria na realidade a dimensão espiritual vivida no cristianismo. O *pré-milenarismo*, ao contrário, tem uma visão literal: ainda se está caminhando em direção à segunda vinda de Cristo. O tempo presente é pré-arrebatamento e a humanidade está sendo confrontada neste momento com grandes testes. Assim, haverá de fato um reino físico, no tempo e no espaço, quando Cristo retornará. Por fim, há o *pós-milenarismo*, que enxerga a segunda vinda de Cristo após o milênio de bondades e dádivas. Essa visão foi muito ancorada nas Igrejas protestantes americanas no século XIX e atribuiu sentido escatológico ao movimento abolicionista naquele país.[44]

O pré-milenarismo é a exegese dominante entre neopentecostais e entre parte dos pentecostais brasileiros. Logo, uma parcela importante da população acredita que estamos caminhando para o fim do mundo como o conhecemos, e que apenas os escolhidos por Deus ("os 144 mil") serão salvos e reinarão com Cristo. A telenovela *Apocalipse*, veiculada pela Rede Record em 2017-8, encarna imageticamente esse discurso profético. Em uma das cenas, vemos na cidade pessoas que de repente somem, enquanto outras ficam e se desesperam com o desaparecimento de pessoas conhecidas. Essas cenas representam o arrebatamento dos 144 mil, que serão salvos. É possível, portanto, ver em Bolsonaro um facilitador do Apocalipse: ele é aquele que se coloca contra a "marca da Besta" — as máscaras, a vacina ou o passe sanitário. Aquele que avisa que a Babilônia — que nesse caso poderia perfeitamente ser Brasília — irá cair e trabalha para tanto. As queimadas na Amazônia, as mudanças climáticas e a covid-19 não são obra de seres humanos, são fruto das trombetas e das taças com a ira de Deus. Logo, o que se pode fazer diante da ira de Deus? Ou, nos dizeres do presidente: "Lamento! Quer que faça o quê?". O Mal junta o seu exército: STF, petismo, grande imprensa, Lula, movimentos sociais, ativistas, e Bolsonaro organiza as forças do Bem para enfrentá-los. O autogolpe nesse caso nada mais seria do que a realização de um Armagedon nos trópicos. Em 2018, Donald Trump decidiu transferir a embaixada dos Estados Unidos de Tel Aviv para Jerusalém, a fim de satisfazer judeus ortodoxos e evangélicos neopentecostais. Convidou para proferir o discurso de abertura o pastor John Hagee, um dos grandes expoentes do televangelismo em seu país. Em seu discurso, Hagee profetizou o arrebatamento cristão e o que virá após: "Jerusalém é a cidade em que o Messias virá e onde estabelecerá um reino que não terá fim". O Apocalipse é um dos livros sagrados de particular apelo para os neopentecostais. Na interpretação dada por estes, o início do fim dos tempos é anunciado pelos seguintes sinais: a existência de uma ordem mundial satânica (Hagee atribui tal função à ONU), a queda da Babilônia (seria o Iraque invadido?), desastres naturais, o retorno do povo judeu a Jerusalém (indicado pela instalação da embaixada dos Estados Unidos na cidade) e, por fim, a grande batalha contra o Anticristo, após a qual os judeus convertidos e os bons cristãos usufruirão do Reino de Deus. Eis como atua a política externa norte-americana — e, num futuro próximo, a brasileira também — para a realização das profecias do Apocalipse. Se, do lado israelense, a política interna agora é instituída pelo religioso, do lado americano o religioso é instituído pela política externa. Em outras palavras, o quarto possível efeito do avanço neopentecostal é também o mais relevante: o Estado a serviço da efetivação de uma teologia.[45]

Nesse ponto, chegamos à questão relacionada à sobrevivência de algumas corporações neopentecostais, dado que o seu modelo de negócio é sustentado por dois pilares: profecias que geram resultado e depreciação de tudo que está fora da Igreja, o que elas chamam "o mundo". A narrativa que converte, convence e mantém os fiéis tem mão dupla: o "mundo" caminha para um fim trágico, quando tudo será dominado pelas forças do Mal, e a Igreja é um espaço puro, o único local não contaminado e, portanto, a salvação. O Apocalipse cai como uma luva e, se seus sinais puderem ser comprovados na vida real, produzem-se então evidências para essa narrativa.

Apenas fazendo uso do aparato do Estado, parte do neopentecostalismo consegue melhorar seus equipamentos de atendimento, ampliar seu alcance nos novos mercados de fiéis, ter seus dogmas transformados em lei, ver seus milagres e orações serem atendidos e, principalmente, ter sua teologia apocalíptica validada pela realidade tangível. Sem o Estado, as Igrejas estancam: não haverá milagres, nem melhora de atendimento ao público, nem profecia a ser realizada.

Nesse sentido, controlar o Estado é o desdobramento irreversível de algumas Igrejas neopentecostais: ou a política realiza os sinais do "Fim dos Tempos", ou será o fim da linha para essas denominações religiosas.[46]

Bolsonaro precisa literalmente encarnar o discurso profético para conseguir se manter no poder. Parte das lideranças neopentecostais precisa de um ator poderoso como o Estado para mostrar que a sua exegese pré-milenarista é a verdadeira interpretação das Escrituras. A comunidade que crê precisa das ações do presidente para acreditar na vinda de um mundo melhor.

Incapazes de enxergar, incapazes de ouvir, incapazes de sentir. O Iluminismo está cego, surdo e insensível. É chegado um novo tempo, o tempo do pós-Iluminismo, do qual Bolsonaro e Trump são apenas os primeiros sintomas. Se a racionalidade, o individualismo, o materialismo, as evidências científicas, o ateísmo militante e o letramento já não oferecem instrumentos de leitura suficientes para entender os novos fenômenos políticos, precisamos trocar os óculos.

NOTAS

1. Segundo pesquisa do Datafolha, divulgada em novembro de 2020.

2. Saul Alinsky, *Rules for Radicals*. Nova York: Random House, 1970, p. 131).

3. Ibid., p. 131.

4. Ver Miguel Lago, "Batalhadores do Brasil..." (*piauí*, Rio de Janeiro, n. 176, maio 2021).

5. Ver Antonio Negri e Michael Hardt, *Empire* (Cambridge, MA: Harvard University Press, 2000).

6. Ver Thomas Hobbes, *Leviatã* (São Paulo: Martins Fontes, 2019).

7. Ver Theodor Adorno e Max Horkheimer, *Minima Moralia* (Berlim: Suhrkamp, 1951).

8. Gustave Le Bon, *La Psychologie des Foules*. Paris: Alcan, 1895, p. 38).

9. Ver Sarmiento Domingo Faustino, *Facundo ou Civilização e barbárie* (São Paulo: Cosac Naify, 2010).

10. Marco Aurélio Ruediger (Coord.), *Desinformação nas eleições 2018: O debate sobre fake news no Brasil*. Rio de Janeiro: FGV DAPP, 2019.

11. Ver Onur Varol et al., "Online Human-Bot Interactions: Detection, Estimation, and Characterization". *Proceedings of the Eleventh International AAAI Conference on Web and Social Media*, 2017.

12. Stefan Wojcik et al., "Bots in the Twittersphere". Pew Research Center, abr. 2018.

13. Organização Pan-Americana da Saúde, "Entenda a infodemia e a desinformação na luta contra a Covid-19". Opas/OMS, 30 abr. 2020. Disponível em: <iris.paho.org/bitstream/handle/10665.2/52054/Factsheet-Infodemic_por. pdf?sequence=14> Acesso em: 6 fev. 2022.

14. Ver Cláudia Pereira Galhardi et al., "Fato ou fake?: Uma análise da desinformação frente à pandemia da Covid-19 no Brasil" (*Ciência & Saúde Coletiva*, Rio de Janeiro, v. 25, pp. 4201-10, 2020).

15. Ver Camila Mont'Alverne e Isabele Mitozo, "Muito além da mamadeira erótica: As notícias compartilhadas nas redes de apoio a presidenciáveis em

grupos de WhatsApp, nas eleições brasileiras de 2018", em VIII Compolítica, 2019, Brasília (*Anais do VIII Congresso da Associação Brasileira de Pesquisadores em Comunicação e Política*. Brasília: UnB, 2019), disponível em: <compolitica. org/novo/anais/2019_gt4_Montalverne.pdf> Acesso em: 6 fev. 2022.

16. Ver Arthur Ituassu, "A disrupção da esfera pública no Brasil: Opinião pública e comunicação política depois das campanhas de Donald Trump e Jair Bolsonaro" (*Insight Inteligência*, Rio de Janeiro, n. 87, 2019).

17. Ver Hunt Allcott e Matthew Gentzkow, "Social Media and Fake News in the 2016 Election" (*Journal of Economic Perspectives*, Nashville, v. 31, n. 2, pp. 211-36, 2017).

18. Théofilo Rodrigues e Daniel Ferreira, "Estratégias digitais dos populismos de esquerda e de direita: Brasil e Espanha em perspectiva comparada". *Trabalhos em Linguística Aplicada*, Campinas, v. 59, n. 2, p. 1083, 2020. Disponível em: <www.scielo.br/j/tla/a/fXRkpz7mcKvVnVchZyZYBLf/?lang=pt>. Acesso em: 6 fev. 2022.

19. Ver Marshall McLuhan e Quentin Fiore, *O meio é a mensagem* [1967] (São Paulo: Ubu, 2018).

20. Paolo Gerbaudo, "Social Media and Populism: An Elective Affinity?". *Media Culture & Society*, v. 40, n. 5, pp. 745-53, 2018.

21. Ver Eli Pariser, *The Filter Bubble: How the New Personalized Web Is Changing What We Read and How We Think* (Nova York: Penguin, 2011).

22. Paolo Gerbaudo, "Social Media and Populism", op. cit.

23. Miguel Lago, "Uma embaixada do Apocalipse". *piauí*, Rio de Janeiro, n. 142, jul. 2018.

24. Processo em que o velho está morrendo para deixar que o novo surja. Ver Luciano Floridi, *The Fourth Revolution: How the Infosphere is Reshaping Human Reality* (Nova York: Oxford University Press, 2014).

25. Luciano Floridi, *The Fourth Revolution*, op. cit.

26. Ver Deisy Ventura et al., "Boletim 'Direitos na pandemia' n. 10" (Cepedisa-USP e Conectas Direitos Humanos, 20 jan. 2021), disponível em: <www. conectas.org/publicacao/boletim-direitos-na-pandemia-no-10/>. Acesso em: 6 fev. 2022.

27. Ver Cláudia Pereira Galhardi et al., "Fato ou fake?", op. cit.

28. Ver Eugênio Bucci, *A superindústria do imaginário: Como o capital transformou o olhar em trabalho e se apropriou de tudo que é visível* (Belo Horizonte: Autêntica, 2021).

29. Michel Foucault e Noam Chomsky, *Natureza humana: Justiça vs. poder. O debate entre Chomsky e Foucault*. São Paulo: WMF Martins Fontes, 2014.

30. Ver Carl Schmitt, 1994 (1937), "Totaler Feind, totaler Krieg, totaler Staat",

(Inimigo total, guerra total, Estado total) em *Positionen und Begriffe* (Berlim: Duncker und Humbolt), pp. 268-273.

31. "Bolsonaro diz que 'acabou' com Operação Lava Jato porque governo 'não tem mais corrupção'". G1, 7 out. 2020. Disponível em: <g1.globo.com/politica/noticia/2020/10/07/bolsonaro-diz-que-acabou-com-a-operacao-lava-jato--porque-governo-nao-tem-mais-corrupcao.ghtml> Acesso em: 6 fev. 2022.

32. Eli Pariser, *The Filter Bubble*, op. cit.

33. Ver Carl Schmitt, *Politische Theologie: Vier Kapitel zur Lehre der Souveränität* (Munique: Duncker & Humblot, 1922.

34. Max Weber, *Economie et société*. Paris: Plon, 1971, pp. 289-90.

35. Alain Badiou, *Saint Paul: La Fondation de l'Universalisme*. Paris: PUF, 1998.

36. Mario de França Miranda, *Um homem perplexo: O cristão na atual sociedade*. São Paulo: Loyola, 1996.

37. Juliano Spyer, *Povo de Deus: Quem são os evangélicos e por que eles importam*. São Paulo: Geração Editorial, 2020.

38. Ibid.

39. Ibid.

40. Ibid.

41. Ibid.

42. Ver Philip S. Gorski, *American Covenant: A History of Civil Religion from the Puritans to the Present* (Princeton: Princeton University Press, 2017).

43. O apóstolo, na visão mais canônica (depois contestada no século III por Dionísio de Alexandria, que atribuiu a autoria do livro a João, o Presbítero).

44. Philip S. Gorski, *American Covenant*, op. cit.

45. Miguel Lago, "Uma embaixada do Apocalipse", op. cit.

46. Ibid.

2. Brasil, país do passado

Heloisa Murgel Starling

UM PRESIDENTE REACIONÁRIO

Aquele foi um domingo atípico em Brasília. Logo no começo da tarde de 17 de abril de 2016, o plenário da Câmara Federal deu início à sessão especial de deliberação sobre a autorização para abertura do processo de impedimento contra a presidente da República, Dilma Rousseff. O sinal mais eloquente de que a crise política galgara novo degrau tinha sido fincado, de véspera, na Esplanada dos Ministérios. A Secretaria de Segurança Pública do Distrito Federal mandou erguer uma espécie de muro com 2,25 metros de altura do lado de fora do Congresso Nacional, feito de grossas chapas metálicas — uma estrutura maciça, sem frestas, afundada no chão e difícil de derrubar.

O "Muro do Impeachment", como ficou conhecido, estendia-se por pouco mais de um quilômetro. O paredão era alto o suficiente para impedir a visão de um lado para o outro e dividia ao meio o gramado central da Esplanada, além de fechar o acesso ao Palácio do Planalto e ao prédio do Supremo Tribunal Federal

(STF). As autoridades previam a presença de cerca de 300 mil manifestantes naquele fim de semana e ergueram o muro com o propósito de forçar a separação dos grupos que puxavam o país em direções opostas: na ala sul, içava bandeira quem quisesse se manifestar contra o governo; na norte, os favoráveis a Dilma Rousseff.[1] Pela primeira vez na história de Brasília, a amplidão do espaço planejado por Lúcio Costa para oferecer grandiosidade ao centro do poder da República seria dividido por força de uma manifestação pública. O país estava rachado, o impeachment havia deslocado o eixo do processo político — das manifestações de rua para as instituições — e o muro metálico deixou nítida a pergunta que ninguém, à época, sabia responder com certeza: a democracia, no Brasil, corria o risco de se desmanchar?[2]

Dentro do prédio do Congresso Nacional, a chamada para a votação começou às 17h45. O comparecimento dos deputados foi maciço: 505 parlamentares marcaram presença na sessão especial de 17 de abril de 2016, em um total de 513 eleitos para a 55ª Legislatura. O rito de votação previa que cada deputado teria dez segundos para pronunciar o voto: sim, para aprovação do parecer que recomendava a autorização da abertura do processo contra a presidente da República; não, para a rejeição do parecer; ou, ainda, abstenção. Mas, ao ouvir seu nome ser chamado pela Mesa, o deputado Jair Bolsonaro, um político irrelevante em seus quase trinta anos de atividade parlamentar ininterrupta, não teve dúvidas: desprezou as regras, agarrou o microfone e engrenou um discurso, o rosto crispado no que parecia ser um sorriso.

> Neste dia de glória para o povo brasileiro, um nome entrará para a história nesta data pela forma como conduziu os trabalhos desta Casa: Parabéns, presidente Eduardo Cunha! [interrupção da Mesa]. Perderam em 1964. Perderam agora em 2016. Pela família e pela inocência das crianças em sala de aula, que o PT nunca teve… Con-

tra o comunismo, pela nossa liberdade [...] pela memória do coronel Carlos Alberto Brilhante Ustra, o pavor de Dilma Rousseff! [interrupção da Mesa]. Pelo Exército de Caxias, pelas nossas Forças Armadas, por um Brasil acima de tudo, e por Deus acima de todos. O meu voto é "sim".[3]

O discurso não tinha nada de espontâneo. A encenação que provoca choque, quebra o protocolo de votação e visa criar adesão foi cuidadosamente planejada. Enquanto falava, Bolsonaro conferiu reiteradas vezes o que iria dizer em uma anotação que estava em sua mão esquerda. As interrupções da Mesa — "Como vota, deputado?" —, devidamente ignoradas, contribuíram para sublinhar o tom de desafio que ele desejava emprestar ao pronunciamento. A cada frase seguiam-se pausas mais ou menos longas para salientar o que era dito; em seguida, o discurso retomava ímpeto; o ritmo, o tom e a altura da voz se alteravam, em cadência, de forma a amplificar o efeito, palavra por palavra. Difícil que alguém se desse conta disso naquela hora, mas, com aquele voto, Bolsonaro acabava de se cacifar como a liderança capaz de aglutinar e mobilizar as forças posicionadas à direita do cenário político brasileiro — incluindo sua periferia extrema.[4] Dois anos depois, elegeu-se presidente da República.

O desempenho retórico de Bolsonaro, em 2016, não cogitava expressar uma constatação ou refletir sobre um determinado estado de coisas no país. A arenga inteira segue em direção oposta e remete a uma realidade que é constituída em si mesma — só existe na sequência de palavras que organizam a torrente verbal. Seu discurso é um ato de linguagem autorreferencial capaz de reciclar e modificar acontecimentos à vontade, dando-lhes novo formato e sentido de conclusão. Bolsonaro fala uma nova língua, constata Miguel Lago no primeiro capítulo deste livro, e o conteúdo do que ele diz independe de checagem, dispensa averiguação dos fatos e não se sujeita a respostas. O voto daquele 17 de abril revela bem mais do que a ameaça brutal ou a propaganda repetitiva e vulgar materializadas pelo alinhavo discursivo do autor. De diferentes maneiras, esse voto expôs os andaimes do projeto de poder que Bolsonaro contrabandeou para o perímetro do Executivo, a partir de sua posse na presidência da República, em janeiro de 2019.

Talvez se possa falar de bolsonarismo como o concentrado das propriedades, recursos, papel e funcionamento de uma linguagem específica — a língua de Bolsonaro. Por surpreendente que possa parecer, o uso dessa linguagem não procura revelar um projeto de poder que se esgota na tentativa de atualização das formas políticas extremas próprias ao populismo e ao autoritarismo — embora pretenda fazer farto uso delas. Um projeto como o de Bolsonaro, para ser executado com os ingredientes de sangue e morte anunciados por ele em 2016, depende da utilização em larga escala de mecanismos de controle e coerção sobre a sociedade. Precisa destruir a liberdade política, fazer uso da repressão contra o pluralismo de opiniões, suprimir os conflitos, arbitrar a vida social por meio da violência. Para obter êxito e se viabilizar no poder, também vai lançar mão de recursos próprios ao populismo: necessita acender uma imaginação moralista da política na sociedade e estabelecer uma relação direta, e não mediada por partidos ou instituições políticas, entre um líder forte que entende e sabe do que o país precisa e o "povo", considerado como uma totalidade, moralmente puro e plenamente unido.[5]

Apesar das insistentes declarações de Bolsonaro, sempre disposto a afirmar sua adesão irrestrita a uma agenda conservadora, tampouco esse é um projeto de poder preocupado em repaginar o conservadorismo ou, quem sabe, dilatar ao máximo seus contornos para abrigar um modelo de gestão ultraliberal. É certo que a tradição conservadora guarda afinidades com os liberais. Estão de acordo quanto à necessidade de um governo limitado, institui-ções representativas, separação de poderes, catálogo de direitos.

Ambos concordam, igualmente, na radical oposição à intromissão do Estado na esfera econômica e no veto à geração de políticas públicas destinadas a produzir uma agenda de intervenção disposta a enfrentar as desigualdades sociais.

Mas, tal como acontece com os liberais, o conservadorismo está muito distante dos modos de dizer de Bolsonaro ou dos que falam sua língua. Ao ideário conservador interessa preservar a ordem social estabelecida e suas instituições. Mudanças são sempre penosas, as inovações geram transformações com desfecho imprevisível e, por essa razão, qualquer ação que pretenda executar modificações numa comunidade política tem de ser avaliada à luz do benefício projetado: haverá tanto perdas quanto ganhos, e nenhum deles será distribuído igualmente entre todos os membros daquela comunidade. Do ponto de vista conservador, as mudanças executadas em uma sociedade podem eventualmente superar as expectativas pelos benefícios gerados; mas podem ser para pior. Um pensador como Edmund Burke, por exemplo, posicionado na matriz do conservadorismo moderno, entende a vida social como circunstancial, multifacetada e complexa; seu horror aos movimentos progressistas, reformistas ou revolucionários se dá por enxergar neles o desejo de querer reinventar a sociedade jogando fora o conhecimento e a experiência preservados pelo passado como ferramentas capazes de produzir uma comunidade política estável, próspera, livre.[6]

O Brasil vive tempos estranhos e o projeto de poder de Bolsonaro pede explicações. Uma vez em curso, ele não se define pela promessa de remediar desastres já em andamento, como crises econômicas — fornecendo, por exemplo, estabilidade e previsibilidade. Sua afinidade com formas políticas de corte fascista é escancarada, como observa Newton Bignotto no terceiro capítulo deste livro. A despeito disso, esse projeto não opera com nenhum modelo de governo capaz de estabelecer diretrizes administrativas e manter a aparência de funcionalidade. Bolsonaro merece atenção, pois não se movimenta dentro de um padrão minimamente institucional, não está interessado na gestão pública, nem se comporta orientado pelo suposto fundamento dos regimes democráticos segundo o qual governos precisam governar e precisam fazê-lo com alguma competência.[7] Sua âncora ideológica tem outra natureza política. É reacionária.

O termo "reacionário" vem sempre embrulhado em conotação negativa, mas não presta para definir muita coisa. No Brasil contemporâneo, em meio a um contexto político perturbador, soa vago e difuso — não é agudo como "conservadorismo" ou "populismo", nem parece representar ameaça capaz de meter medo o bastante nas pessoas, como "fascismo" ou "totalitarismo". Faltam-lhe talvez o sentido de urgência e a conotação de perigo. Mesmo assim, a palavra teima em reaparecer, de tempos em tempos, no cenário nacional. "Reacionário" serve, nos dias que correm, para sumariar um comportamento político característico daqueles que se sentem atraídos por uma visão de mundo de extrema direita. Quando observada mais de perto, porém, fica nítida sua aplicação a uma modalidade de escolha política em que alguém se dispõe a engatar marcha a ré nos eventos históricos e fazer o relógio andar para trás.[8] "Reacionário" explica perfeitamente certo tipo de movimento político interessado em capturar o sentimento de que, daquele ponto em diante, só existe chance de conserto para os estragos que se desenrolaram na sociedade brasileira caso ocorra uma investida drástica de volta ao passado.

A definição, quase semântica, é antiga. Pode ser usada como etiqueta para ser afixada ao programa dos restauradores, o primeiro agrupamento político de feição reacionária no Brasil, organizado em favor do retorno de Pedro I ao trono brasileiro — ainda que na condição de regente do próprio filho. Mobilizado em torno dos jornais *O Caramuru* e *A Trombeta*, o ideário restaurador estava determinado a recusar qualquer alteração na Constituição imperial — como, por exemplo, a extinção do Poder Moderador — e a defender com toda a energia uma monarquia constitucional fortemente centralizada e autoritária. Os restauradores não queriam nem ouvir falar na Abdicação, ocorrida em 7 de abril de 1831; estavam dedicados a exaltar os sucessos militares e constitucionais obtidos por d. Pedro durante a Guerra Civil Portuguesa, entre 1832 e 1834, e propunham seu regresso como regente para alcançar a solução dos problemas de um país recém-independente. De regente a, mais uma vez, imperador, o passo era curto, e o ideário restaurador inspirou direta ou indiretamente um punhado de revoltas ocorridas nesse período: os motins caramurus, no Rio de Janeiro; a Revolta de Pinto Madeira, no Ceará; a Cabanada, em Pernambuco.[9]

Contudo, o reacionarismo costuma ser mais complexo e elaborado do que o Brasil tinha se habituado a imaginar, pelo menos até a posse de Bolsonaro na presidência da República, em 2019. O reacionário é uma figura política radical que segue à risca a lógica que o nome aponta — ele vai reagir. Vive obcecado pelo propósito de executar uma ação destrutiva, violenta e robusta contra os perigos que ameaçam uma sociedade como consequência da manifesta tendência da vida moderna à democratização.[10] Sua capacidade de mobilização é alta no ambiente político de uma comunidade em que cada indivíduo está por sua própria conta, não confia no outro e se apega exclusivamente aos pequenos núcleos de natureza privada, como os familiares ou religiosos. Nenhuma democracia resiste por muito tempo à perda generalizada do sentimento de confiança interpessoal e, nessa circunstância, o reacionarismo adquire uma potência de engajamento e mobilização surpreendentes graças, sobretudo, ao uso de retórica e à moldagem de um conjunto de argumentos com aparência lógica fortíssima — mas fictícia.

O reacionarismo entrou na cena política moderna durante os anos da Revolução Francesa, em meio aos acontecimentos do Termidor, em 1794, com o fim do período jacobino: a crise econômica e a desarticulação da estabilidade governamental, as críticas cada vez mais generalizadas da população às exigências impostas no dia a dia pelo governo revolucionário, o caos da luta política entre os diferentes grupos que disputavam o poder — republicanos moderados, monarquistas, robespierristas.[11] Belicoso e feroz, o reacionarismo desenvolveu-se como corrente de pensamento, moldou uma visão de mundo e materializou-se no formato de um movimento ideológico disposto a reagir até o fim contra o alvo que escolheu combater em primeiríssimo lugar: a malignidade da Declaração dos Direitos do Homem e do Cidadão.

Não há nada na democracia que mereça ser conservado, sustenta a retórica reacionária; aliás, esse regime político é o modo pelo qual Satanás, em pessoa, prossegue sua obra corrompendo a sociedade humana. E o reacionarismo compreendeu depressa que os direitos são a alma da democracia. Entendeu, também, que o ato de declarar direitos aumenta o valor da aposta democrática — sustentados numa afirmação de autoevidência, a declaração tem efeito galvanizador. Em 1789, na França — e, alguns anos antes, em 1776, com a Declaração de Independência dos Estados Unidos —, o ato de declarar e o emprego da linguagem dos direitos que os reconhece inerentes aos seres humanos, universais e aplicáveis em qualquer lugar, deslocaram a titularidade do poder, do soberano para o conjunto dos cidadãos. Ao mesmo tempo, criou um fundamento de conteúdo político radicalmente novo com capacidade de fluir no espaço e através dos séculos seguintes: um governo apenas se justifica pela sua garantia dos direitos em sociedade.

O reacionarismo sobreviveu bem ao século XVIII. Desde então, vem demonstrando ser uma força política surpreendentemente rija, e chegou à contemporaneidade impulsionado pela constatação de que só é possível evitar o desastre democrático destruindo-se seus fundamentos. Ao longo de duzentos anos, e até os dias de hoje, o espírito da reação teme duas qualidades relacionadas, e distintas, que estão impressas no novo panorama político aberto ao final das revoluções Americana e Francesa pelo ato de declarar direitos. Da primeira decorre que direitos são convincentes porque ressoam dentro de cada um. Por conta disso, demandam uma participação ativa daqueles que os detêm, e podem até não resolver todas as questões, mas emprestam urgência a algumas delas — como acontece com os direitos à vida, à liberdade, à igualdade perante a lei, à participação do cidadão no governo da sociedade; ou com os direitos à educação, à saúde, ao trabalho; e, é claro, como ocorre com os direitos dos povos indígenas, de quilombolas e de outros povos e comunidades tradicionais, da comunidade LGBTQIA+, da população negra e das mulheres, por exemplo.

A segunda qualidade provém da dinâmica interna à lógica dos direitos. Eles não somente fluem como cascata, mas dispõem de uma força intimidadora; incitam os detentores a falar por si mesmos e a exigir igual reconhecimento. Se a porta for aberta e direitos forem afirmados, talvez não se cumpram; mas tampouco desaparecem. Soma-se a isso o fato de que é impossível defini-los de uma vez por todas: seu horizonte de expectativas é amplo e está em movimento continuado, porque os avanços no entendimento de quem tem direitos e do que são esses direitos se modifica constantemente. A revolução provocada pelo ato de declarar direitos nunca está satisfeita consigo mesma; como a própria democracia, ela é um empreendimento contínuo.[12]

Como lidar com isso? O ativismo reacionário entrincheirou-se na modernidade determinado a resolver o problema a seu modo. Foi conciso: só é possível enfrentar com bons resultados a dinâmica revolucionária dos direitos levando adiante o mais extremo processo de demolição. Não deixa de ser perturbador, mas o reacionarismo moldou na lógica da destruição, e em medida não desprezível, a estratégia e o princípio político que movem sua ação. Também no plano ideológico em que se movimenta a retórica reacionária, o ato de declarar direitos infla e torna possível a catástrofe democrática a partir do momento em que as mudanças começam a ocorrer no campo das ideias e as fronteiras do pensamento e da cultura se deslocam para abrigar o resultado dessas mudanças. O reacionarismo aprendeu, ainda no século XVIII, que precisa ser rápido para se antecipar e tentar destruir, logo no início, os primeiros sinais de transformação na vida cultural, no campo da ciência ou na produção do conhecimento. Desde então, qualquer reacionário sabe que precisa impedir o movimento da mudança antes que aconteça — do contrário, arrisca-se a ser presa fácil de uma série de valores que servem para separar uma sociedade democrática das outras.

O problema começou, de fato, no século XVIII, lamentam os reacionários, quando a Europa sucumbiu a um punhado de ideias produzidas por um grupo de intelectuais que roeram diligentemente, de dentro para fora, as instituições e o quadro de valores do Antigo Regime, criando novas variações sobre temas estabelecidos por seus predecessores no século XVII: tolerância, felicidade, liberdade, cosmopolitismo civil, razão, ceticismo, individualismo. A ameaça tomou corpo em Paris, o perigo avançou e se espalhou a partir de diversas cidades — Edimburgo, Amsterdam, Genebra, Londres, Berlim —, sofreu adaptações e incorporou novas formulações, até emergir de vez na cabeça e no discurso de homens de letras que passaram a pensar em si próprios como *philosophes* e a dispor de um programa de ação. Desde então, as ideias iluministas dominaram os meios de comunicação da época e se impuseram mais ou menos sub-repticiamente ao espírito das pessoas. Circularam por toda parte através de cartas e jornais, nas conversas inteligentes dos cafés, em panfletos de Voltaire e nos tomos perigosos da *Encyclopédie*, organizada por Diderot. Foi assim que a sólida civilização constituída pela Europa católica, em que obedecer ao rei significava obedecer a Deus, acabou reduzida a ruínas.[13] Reacionários podem ser ignorantes, mas, é bom que se diga, não são burros: descobrem rápido que é impossível absorver, domesticar ou reduzir ideias democráticas a proporções manejáveis. A destruição não é efeito colateral do reacionarismo. É seu propósito.

A democracia sobreviveu ao Termidor e muito deve aos iluministas, decerto; contudo, só iria aprender a reconhecer o inimigo com a experiência de mais batalhas. Duas "ondas", para usar da definição do economista Albert O. Hirschman, se ergueram nos séculos seguintes, fornecendo estabilidade e garantindo propagação ao reacionarismo — com robustez bastante para alcançar a contemporaneidade.[14] A primeira onda emergiu entre 1842 e 1926, com o objetivo de fazer recuar os avanços da participação popular na política, e abriu fogo contra a ampliação do direito de voto. A eleição dos que dirigem já tinha derrubado a concepção de poder do Antigo Regime — isso era fato consumado. Na retórica reacionária, entretanto, não havia nada que fosse tão ruim como o princípio do sufrágio universal. Afinal, ele fixou o momento em que a democracia, no seu sentido moderno, se transformou e se expandiu, seja pela extensão do voto a grupos até então marginalizados, seja por firmar, de uma vez por todas, o reconhecimento de que cada ser humano tem valor idêntico.

Não espanta, portanto, que as declarações sobre os efeitos perversos da ampliação do direito de voto fossem extremadas. O resultado de sua adoção seria calamitoso, sustentou, em 1842, no Parlamento inglês, o político — e historiador — Thomas Macaulay: "A essência da Carta é o sufrágio universal [...]. Se você concede isso, o país está perdido". E explicou a razão:

> Tenho a firme convicção de que, em nosso país, o sufrágio universal é incompatível não apenas com esta ou aquela forma de governo, e tudo em nome do qual os governos existem; ele é incompatível com a propriedade e é consequentemente incompatível com a civilização.[15]

A segunda onda reacionária, prossegue Hirschman, quebrou na praia em pleno século XX. Está aí, até hoje, empenhada em travar a guerra de morte contra os direitos sociais que fundam o Estado de bem-estar — o *welfare State*, como ficou conhecido. A ideia de um Estado assistencial é originária do século XIX, mas ressurgiu com força após a Segunda Guerra Mundial, com o objetivo de ampliar os serviços assistenciais — renda, habitação, previdência social —, bem como intervir na esfera econômica com o propósito de combinar geração de riqueza com redução de desigualdades sociais. Sua formulação é clara: os direitos sociais exigem políticas públicas que permitem às sociedades democráticas reduzir ou eliminar excessos de desigualdade e estabelecer um patamar mínimo de bem-estar para todos. O reacionarismo, por sua vez, está disposto a desmantelar a qualquer preço um modelo de Estado assistencial fundado nos direitos sociais. Onde os outros veem políticas de bem-estar social, o reacionário só enxerga o que afirma ser seu efeito perverso: essas seriam políticas que incentivam a população pobre a se acomodar à própria condição de penúria para recorrer a elas. Como consequência, as pessoas não trabalham nem são úteis para a sociedade; no final das contas, as políticas sociais serviriam, sobretudo, para alimentar a vadiagem, a mendicância e a indigência. Por outro lado, a intenção reacionária não é mudar as regras do jogo consolidando vantagens ou corrigindo e promovendo melhorias legais nos programas de justiça social. Seu alvo é duplo. Uma parte da reação produzida por essa onda busca desmantelar o conjunto de políticas públicas associadas às desigualdades sociais de todo tipo. A outra pretende eliminar o princípio que estabelece a inclusão social como componente indissociável do processo de democratização de uma sociedade.

É próprio ao movimento das ondas — avançam, recuam, avançam novamente. As ondas são o esteio da reação: têm uma longa história e continuam se movimentando pelo mundo, em especial em contextos nos quais se combinam momentos de transformações estruturais com instabilidade política e turbulência econômica. Não ocorrem em um país só, o fenômeno é global, e o reacionarismo se aproveita da oportunidade para seguir em frente como rolo compressor na constante tentativa de moer a democracia em vários pontos do planeta: Eric Zemmour, na França; Matteo Salvini, na Itália; Viktor Orbán, na Hungria; José Antonio Kast, no Chile; Javier Milei, na Argentina; Donald Trump, nos Estados Unidos. São ondas capazes de derrubar lideranças e construções políticas e ideológicas já estabelecidas, e não é o caso de subestimar seu empuxo: uma vez no poder, o reacionarismo pode ser letal. Um governante reacionário se movimenta orientado por um princípio único de ação: destruir a "ameaça democrática" em seus ingredientes principais.

E então, em 2019, um presidente reacionário chegou ao poder no Brasil, pela via democrática. Alguns sorriram amarelo, quase todo mundo considerou que o pior pudesse ser absorvido e domesticado pela flexibilidade das instituições, mas muita gente se descobriu de acordo: um país não elege Jair Bolsonaro sem azar. "Para eleger Bolsonaro você precisa dar azar, e não pode ser só uma vez", escreveu o sociólogo Celso Rocha de Barros, em janeiro de 2019: "Crise econômica, crise moral, erros dos adversários, fraudes e manipulações, loucura coletiva e burrice, com tudo isso somado você elege, no máximo, um Jânio Quadros. Bolsonaro é outra história".[16] Barros tem razão, é claro. Bolsonaro opera pela lógica da reação. Sua presidência vive no mundo das sombras que ergueu, em 2016, e lhe serve de esponja e espelho. O reacionarismo, por sua vez, providenciou a forma política e o conteúdo ideológico ao confronto permanente que Bolsonaro vem travando, desde então, contra seu maior inimigo — a Constituição de 1988. Age dessa forma por fidelidade a seu programa reacionário. Arruinar a Carta Constitucional é essencial ao objetivo de quem ambiciona destruir a democracia no Brasil.

A Constituição de 1988 não nasceu unicamente com a missão de encerrar a ditadura militar. Ela se tornou o alvo imperativo do reacionarismo por outra razão: o compromisso constitucional firmado em 1988 assentou as bases para habilitar a democracia, regular o poder e estabelecer as normas de justiça que irão ordenar as relações entre os indivíduos na sociedade e entre o cidadão e o Estado.[17] A Carta de 1988 tem inúmeros defeitos, seus limites e possibilidades são constantemente postos à prova, problemas recentes ou muito antigos costumam desafiar sua capacidade de executar transformações reais. Mas ela é moderna nos direitos, sensível às minorias políticas, avançada nas questões ambientais, empenhada em prever meios e instrumentos constitucionais legais para garantir a participação popular e direta. Destinada a organizar a estrutura política básica do país, a Constituição de 1988 está determinada a limitar o poder do Estado sobre o cidadão e a exigir políticas públicas voltadas para o enfrentamento dos problemas mais graves da população. Seu texto acolheu a questão das desigualdades — renda, poder, recursos ambientais, reconhecimento social — no centro dos procedimentos de construção democrática, e estabeleceu garantias para o resguardo e o exercício dos direitos e das liberdades dos brasileiros — não por acaso, foi batizada de "Constituição Cidadã". Além de firmar uma noção ampla de direitos que incluiu, pela primeira vez, a superação do paradigma assimilacionista para estabelecer o da emancipação dos povos indígenas, a Carta também sustentou a ampliação de acesso aos sistemas de saúde, educação e proteção social com impacto decisivo sobre a vida dos cidadãos em uma sociedade perversamente desigual.

A retórica reacionária deve ser levada a sério. No mês de setembro de 2021, Jair Bolsonaro completou mil dias na Presidência da República — quase três anos de mandato. Datas redondas são consideradas um bom momento para apreciação das realizações de um governante, além de propiciarem um retrato da consistência do comportamento político e do padrão de governabilidade em andamento no país; os mil dias de Bolsonaro não fugiram à regra. Objeto de um detalhado levantamento de informações realizado pelo jornal *O Globo*, a conclusão foi devastadora. Quando medido pelo desempenho administrativo e gestão pública, o resultado alcançado pelo governo federal é nulo.[18] Difícil refutar. No dia 15 de outubro de 2021, a Secretaria Especial de Comunicação Social (Secom) do governo federal abriu página eletrônica para celebrar a data. Tudo muito previsível, exceto por um detalhe: "Mil dias de um governo sério, honesto e trabalhador" foi publicada sem nenhum conteúdo redigido. Havia apenas um punhado de parágrafos com simulação de texto para preenchimento de espaços-padrão em tipologia gráfica, conhecida como *Lorem ipsum*.[19]

A página da Secom saiu do ar naquela mesma noite, mas não precisava; os indicadores para medir as realizações de Bolsonaro no poder são outros. O governo federal alcançou a marca de cem crises geradas. Em média, Bolsonaro fabricou três crises por mês.[20] Uma enorme variedade de espaços foi atingida, na sociedade e nas instituições. Ademais, as crises são móveis — envolvem âmbitos diferentes da vida pública nacional ou se deslocam rapidamente na paisagem política. Cada uma delas foi mais ou menos aguda, e alcançou maior ou menor sucesso como estratégia de poder. Todas foram incentivadas, nenhuma se processou por acaso. A quantidade indica um procedimento deliberado. Crise é uma situação política que não pode durar indefinidamente — seu desenrolar exige que alguma decisão seja tomada. A ocorrência de uma crise revela a conjunção de fatores no interior da qual se materializou determinada ameaça à democracia, as instituições levantaram barragens de contenção e evitou-se atingir o ponto de não retorno.[21] O governo federal, contudo, introduziu uma alteração decisiva nesse padrão: o acúmulo arrasta a situação de crise a persistir indefinidamente, com todos os seus sintomas mórbidos. Nenhuma mudança ocorre, a ameaça é renitente e prossegue de maneira incerta até exaurir as instituições constitucionais dos demais poderes — Congresso Nacional e STF.

Bolsonaro fez da crise a maneira de operar o Estado. Uma vez reunidas em catálogo, elas demonstram bem quais são as ferramentas utilizadas pelo reacionarismo para fins de destruição. As crises foram geradas pelo protagonismo do presidente da República, que orquestrou metodicamente um conjunto de iniciativas de rejeição às regras e à institucionalidade democráticas. Ao longo de quase três anos, Bolsonaro pôs em dúvida a legitimidade das eleições e do voto; ameaçou a liberdade de informação, a mídia e os jornalistas; rejeitou ou atacou direitos constitucionais; exibiu clara intolerância à crítica; investiu contra as instituições constitucionais dos demais poderes — em especial, e de modo sistemático, contra o STF, responsável durante esse período por erguer a principal grade de proteção da democracia no país.

Bolsonaro não está no governo para facilitar as coisas, e o catálogo de *O Globo* empilhou diversas modalidades de crises.[22] Muito convenientes à retórica reacionária são os tipos de crises detonadas pelo presidente da República através da negação da legitimidade de seus adversários políticos. A crise começa quando Bolsonaro recorre à difamação ou à acusação de que opositores representam algum tipo de ameaça à ordem estabelecida e à sociedade — por exemplo, na condição de "comunistas", "corruptos", "imorais". Sua serventia é grande: são crises voltadas para acelerar o processo de desintegração das normas básicas de tolerância democrática, além de potencializar entre os brasileiros uma síndrome de intensa animosidade política. Em outra modalidade que transpira fascismo e serve de índice para a desfiguração da democracia, Bolsonaro tem insistido em oferecer a violência como opção prática e método de ajustamento de conflitos por meio da edição de decretos no sentido de flexibilizar e facilitar o acesso da sociedade às armas.

Pode ser assustador. Todavia, imaginar o pior, no Brasil atual, tem seu poder sedativo — não garante a disposição da sociedade para impor limites aos procedimentos de degradação democrática, nem mobiliza força para a ação política. No final do mês de setembro de 2021, o presidente da República deu início a uma espécie de tour celebratório dos mil dias no poder. Em um país com inflação crescente, desemprego em alta, 19 milhões de brasileiros passando fome e a foto, estampada na primeira página do jornal *Extra*, com famílias inteiras garimpando alimento num caminhão que circula pelo Rio de Janeiro carregado de pelanca e ossos recolhidos de supermercados da cidade,[23] Bolsonaro decidiu inaugurar obras de pequeno porte, diversas delas iniciadas em governos passados. No primeiro dia do giro comemorativo, na manhã de 28 de setembro, aterrissou na cidade de Teixeira de Freitas, Bahia, para entregar 10,4 quilômetros de rodovias. Na sequência, decolou para Teotônio Vilela, Alagoas, com o propósito de inaugurar o conjunto habitacional "Dr. Marcelo Vilela". No dia seguinte voou para Boa Vista, Roraima, onde assinou um contrato de concessão de aeroportos do Bloco Norte. As viagens prosseguiram por mais dois dias, com

Bolsonaro discursando copiosamente sobre o mesmo assunto em Belo Horizonte, Anápolis e Maringá.[24]

O tour poderia ter sido inócuo, mas Bolsonaro estava decidido a exibir, entre palavras e imagens, as realizações de seu governo. As viagens serviram de palco para pontificar, numa espécie de discurso-padrão, sobre os ingredientes nos quais fermenta a visão de mundo que o tirou da irrelevância em 2016. Em todas as localidades visitadas, ignorou deliberadamente o propósito explícito da solenidade — a entrega de obras ou projetos — e concentrou sua oratória no uso pleno da retórica ideológica. Agarrado, como sempre, ao microfone, Bolsonaro não esclareceu uma palavra sobre os problemas nacionais; em compensação, invocou Deus em todas as oportunidades. Valia como espetáculo, e ele seguiu adiante com a agenda. Na Bahia, informou à plateia a satisfação experimentada ao viajar pelo país "e ver não mais as cores [sic] vermelha, mas as cores verde e amarela da nossa bandeira".[25] Em Boa Vista, tomou a si mesmo como a materialização da grande oportunidade de regeneração política e social da nação: "Hoje eu digo para vocês, depois de muito, de muito tempo, o Brasil tem um presidente que acredita em Deus, que respeita a sua Constituição, que defende a família tradicional e que deve lealdade a vocês, povo do meu amado Brasil". Ao final, ainda conseguiu se superar: "Estamos completando mil anos de governo", celebrou.[26]

Mas Bolsonaro não poderia fazer nada disso sozinho. A mais surpreendente novidade representada por sua eleição, em 2018, talvez seja essa: após quase três anos no poder, ele conserva o apoio fiel de um quarto dos eleitores. Também dispõe de força política e capacidade de mobilização — sua base de apoio tem se movimentado na direção de maior radicalização, fortalecimento e consolidação na defesa do projeto de poder do presidente da República. Bolsonaro, de fato, fala outra língua, que lhe garante a manutenção de sólido suporte social permanentemente mobilizado e disposto a chancelar novo mandato. Difícil é identificar os ingredientes que, uma vez combinados nessa linguagem, conseguem fornecer tamanha aderência a um presidente reacionário.

O FUTURO NAUFRAGADO

"Um pedaço da sociedade grudou em Bolsonaro e está às ordens", cravou a socióloga Angela Alonso, em agosto de 2021.[27] É isso mesmo. Desde a campanha eleitoral, em 2018, Bolsonaro dispõe de uma estrutura de sustentação socialmente organizada: empresários do setor produtivo, concentrados no agronegócio; o grosso da elite financeira: banqueiros, gestores de fundos de investimentos, sócios de corretoras; associações empresariais do porte da Federação das Indústrias do Estado de São Paulo (Fiesp) ou da Federação das Indústrias do Estado de Minas Gerais (Fiemg); as igrejas neopentecostais; os militares. Mas a fatia considerável de brasileiros que cerrou fileiras com o reacionarismo continua heterogênea e a aderência a Bolsonaro corta, de alto a baixo, a estrutura social. São pessoas que se cruzam, ou se evitam, no fluxo de um cotidiano meio periférico ou meio privilegiado e de um horizonte cultural mais ou menos acanhado. Jovem ou idoso, homem ou mulher, vivendo num subúrbio, bairro popular, condomínio fechado ou em área residencial abastada, nada disso faz grande diferença na hora de demonstrar entusiasmo ao presidente da República. Talvez esteja em andamento no país uma redefinição dos efeitos da expansão democrática ocorrida nos últimos trinta anos, e situar-se mais ou menos no alto e mais ou menos abaixo na estrutura de classe não facilita grande coisa para a compreensão das razões da aderência social a Bolsonaro.

Pode-se não saber onde exatamente essa franja da sociedade começa ou termina. Mas o desempenho retórico de Bolsonaro opera na fronteira entre os indivíduos comuns e as circunstâncias de uma cultura política em que laços de pertencimento coletivo, solidariedade e confianças interpessoais — as bases de suporte da cidadania — vão mal ou já se degradaram. A adesão começa a acontecer aí: um número cada vez maior de pessoas que, devido à quantidade, ou à sua indiferença, ou a uma mistura de ambas, não têm relações comunitárias, não se integram nem compartilham propósitos comuns. Uma multidão de indivíduos isolados entre si, preocupados apenas em cuidar da própria segurança e escapar da violência urbana, salvaguardar seus negócios e desfrutar de uma vida meticulosamente privada.

Qualquer expectativa de conexão entre esses indivíduos e os demais cidadãos é frustrada. Nessas condições, o sentimento de pertencimento social se esgarça muito depressa e uma parte cada vez maior da população reduz sua presença no espaço público ou o abandona por completo, isto é, a variedade de lugares topográficos e ambientes políticos originalmente compartilhados entre pessoas que nutrem diferenças consideráveis, mas estão dispostas a ver as coisas do ponto de vista uns dos outros — por conseguinte, aceitam debate, esclarecimento recíproco, e trocam informações mútuas sobre as matérias de interesse comuns. Sem um espaço que seja público e indiferente a qualquer assunto que deva ser repartido coletivamente, resta a solidão; não há nada que ligue essas pessoas num agregado de interesses partilhados e faça delas uma comunidade. É apenas um aglomerado de homens e mulheres vorazes, violentos, egoístas.

A corrosão do tecido da sociedade indica que foi dado um passo decisivo no sentido da degradação do experimento democrático. A dimensão política da solidão se instala nos fragmentos de uma sociedade atomizada e revela o "homem da massa" — como nomeia Hannah Arendt —, cuja principal característica "não é nem a brutalidade nem a rudeza, mas o seu isolamento e a falta de relações sociais normais", para usar os termos em que ela formulou seu argumento.[28] Atomizado na massa, o indivíduo não reflete sobre os acontecimentos ao seu redor, nem se pergunta intimamente sobre o sentido do que está ocorrendo a sua volta. Não é ignorante, caricato, estúpido ou insensato; apenas abdicou da capacidade de pensar por conta própria. No dia a dia ele quer somente ser deixado em paz em seu minúsculo mundo pessoal. A solidão é um lugar deserto, uma vida despovoada. Os interesses particulares irão se fechar em círculos cada vez mais estreitos, a cena pública se mostra apática e desolada, o indivíduo é insensível diante do que acontece com os outros.[29] À medida que se esgarçam os laços de solidariedade social, pertencimento e confiança interpessoal, os fatos deixam de fazer o sentido que faziam antes e cada brasileiro pode ser empurrado para a condição de superfluidade. Na situação política da solidão, as pessoas se tornam seres supérfluos, privadas de socorro mesmo diante do risco da morte, e nas circunstâncias dos piores desastres — como já ocorre hoje, durante a pandemia de covid-19, conforme escreve Newton Bignotto. A desolação é a experiência da negação total da proteção.

Uma espécie de sociabilidade amorfa talvez tenha alterado definitivamente o modo como um pedaço da sociedade brasileira pretende se comprometer com a democracia. A linguagem de Bolsonaro fala diretamente a essas pessoas: fornece o sistema de explicação da realidade, organiza a visão de mundo, dispara o chamado da mobilização. É uma linguagem desconjuntada, como se vê no enunciado do voto de 2016. Mas é possível distinguir na ordenação das sentenças uma espécie de colagem de ingredientes ideológicos diversos, formados por palavras, expressões e frases marteladas sempre, repetidamente. A língua de Bolsonaro gira em torno de temas extremados que podem ser vocalizados em tom coloquial ou vociferados, mas sempre são comunicados sem espaço para averiguação dos fatos ou discordância — além de insistir na estreita ligação com Deus que lhe serve de assinatura. Sua matriz discursiva não depende de reflexão, nem inclui método de pensamento. É emocional. Ela se espalha pela sociedade através de um circuito de sentimentos recorrentes que convocam ao engajamento político, destroem o que resta do espaço público e contaminam as relações privadas. A língua de Bolsonaro — o bolsonarismo — se propaga muito depressa, no Brasil, transmitida por afetos tristes: ressentimento, nostalgia, intransigência, ameaça. "Bolsonaro assobia para quem tem poder e sua mensagem é clara: não tenha medo de exercê-lo", observa Miguel Lago. A retórica dele, argumenta, está dirigida à faixa da população que gerencia situações subalternas de poder e opera na divisa entre o indivíduo e as construções sociais que limitam os seus micropoderes no dia a dia:

> É o dono da birosca que tem poder sobre o garçom, o pastor de porta de garagem sobre seu fiel, o marido que deseja submeter sua esposa, o guarda da esquina que tem poder sobre os transeuntes, o motorista que tem poder sobre os pedestres e ciclistas, o cafetão que tem poder sobre a prostituta, entre tantos outros.

O sujeito se sente exaltado, em posição mais forte que o outro, e isso explica, ao menos em parte, uma adesão cada vez mais emocional por pessoas que se consideravam até então silenciadas politicamente.

O apelo de Bolsonaro compreende e garante expressão pública àquilo que muita gente já falava em voz alta no círculo pessoal em relação à vida política do país — mas ainda era o rancor armazenado em casa. O reconhecimento e a visibilidade proporcionados a quem se percebia, até então, invisível e ameaçado de perda generalizada de referências em matéria de governo, moral e religião não só radicalizaram a relação afetiva dessas pessoas com

Bolsonaro como alargaram em tamanho e intensidade sua base social e reforçaram a disposição individual para a militância ativa.[30] É uma minoria, decerto, mas capaz de responder, em qualquer circunstância, à convocação do presidente da República para reagir, de maneira organizada, em escala nacional.

O ativismo reacionário da massa não é só arruaça. As centenas de pessoas que foram para as ruas, nas diferentes cidades do país, durante o feriado da Independência, em 7 de setembro de 2021, a pé e em carreatas, balançando faixas e cartazes onde se lia "Eu autorizo, presidente", tinham uma ideia clara do que sua presença ali significava. Aquela era uma mobilização diferente e não estava destinada a se esgotar na estratégia vital para o governo de manter o país em estado de tumulto constante. As pessoas saíram de casa, no dia 7 de setembro, para endossar a convocatória de Bolsonaro e intentavam transformar suas próprias convicções autoritárias em realidade política no formato de um "Pronunciamento". Esse é o nome que batiza uma modalidade ritualizada de golpe de Estado cuja execução tem início no momento em que a minoria organizada em escala nacional alega estar nas ruas com o propósito de manifestar em público aquilo que entende ser a essência espiritual permanente da nação: a "vontade expressa do povo". Uma vez enunciada, essa vontade precisa ser imediatamente acolhida, protegida e cumprida pelas Forças Armadas, sua guardiã efetiva.[31] Caso o movimento de dobradiça entre o desejo expresso pela massa e a resposta das tropas seja bem executado, o golpe de Estado vai se materializar.

Só não foi a primeira tentativa de Bolsonaro de organizar e encabeçar um "Pronunciamento". No ano anterior, na manhã de 20 de abril de 2020, ele declarou a jornalistas: "Eu sou realmente a Constituição" — o reacionarismo tinha atingido um nível espantoso.[32] Na véspera, um domingo, Dia do Exército Brasileiro, do alto da caçamba de uma caminhonete, diante do Quartel-General do Exército, em Brasília, o presidente da República agarrou o microfone e berrou como um agitador para dezenas de pessoas, no segundo dia de manifestações que clamavam por "intervenção militar já com Bolsonaro", seguida do fechamento do Congresso Nacional e do STF: "Nós não queremos negociar nada. Queremos é ação pelo Brasil", determinou, aos gritos, para os manifestantes. "O que tinha de velho ficou para trás. Nós temos um novo Brasil pela frente. Todos têm que ser patriotas, acreditar e fazer sua parte para colocar o Brasil no lugar de destaque que ele merece. Acabou a época da patifaria. É agora o povo no poder." Tossiu, tomou fôlego e arrematou: "Todos no Brasil têm que entender que estão submissos à vontade do povo brasileiro. Chega da velha política. Agora é Brasil acima de tudo e Deus acima de todos".[33]

Bolsonaro mexe o caldeirão, mas a massa não caiu do céu. A multidão que se deslocou barulhenta para as ruas, em plena luz do dia, pronta para suspender à força o funcionamento das instituições democráticas, só age dessa forma porque se sente autorizada a exercer poder direto e sem limites sobre a vida pública do país. Por outro lado, as manifestações são também uma oportunidade que o "homem da massa" não pode desperdiçar. Há um sentimento de ameaça baixando como uma nuvem sobre os participantes sempre que eles saem às ruas e que não se afasta totalmente em nenhum momento — eles sabem que, sem Bolsonaro, todos voltam à situação original de irrelevância política.[34]

Uma vez ativada pelo gatilho dos afetos, a disposição para adesão e mobilização ao reacionarismo se espalha por dentro da massa, forjando uma resposta emocional enérgica. Afinal, essa massa é a sequela de alguns cruzamentos que tornaram mais duro o cotidiano de boa parte dos brasileiros. Resulta tanto do impacto provocado pela retração econômica, a partir de 2014, com efeitos sobre emprego e renda, quanto da frustração de expectativas e oportunidades vinda de um vasto contingente social que ampliou sua capacidade de consumo e de ingresso no mercado de trabalho e viu crescer suas condições de acesso à saúde e à educação.[35] As desigualdades se diversificaram e se individualizaram, no país, a contar da década de 2010, e o dia a dia ficou mais difícil. Experimentadas no cotidiano como exclusão, desemprego, empobrecimento, rendimento, consumo, entre outras, as desigualdades ampliaram o espaço social das comparações e das diferenças e fraturaram identidades coletivas.[36] A pessoa acha que merece coisa melhor da vida, acredita que perdeu prestígio social, certas garantias ou privilégios, e essa percepção contribui para cozer um caldo ideológico e político que não só a leva a redefinir a si própria como se desdobra na rejeição dos outros, acentuando o esfacelamento da civilidade e das formas de solidariedade, e escancarando o esgarçamento das relações de confiança interpessoais. Por conta disso, a massa é o lugar em que todos estão sós — e cada um sente de modo rancoroso e reativo que precisa cuidar de si mesmo.

Mas a cultura política capaz de erodir a democracia está sendo gestada no país já faz alguns anos. A linguagem de Bolsonaro é capaz de surpreender porque catalisou a energia reacionária gerada por uma fatia larga da sociedade, entre os anos de 2013 e 2016, com força política para tomar as ruas. A sequência interminável de manifestações iniciadas em junho de 2013 reuniu milhares de pessoas que pareciam brotar de lugar nenhum e varreu doze capitais e as grandes cidades brasileiras em 470 manifestações que revelavam um sentimento de insatisfação e de frustração e uma agenda meio caótica por mudanças: "Milhares vão às ruas 'contra tudo'", manchetou, assombrado, o jornal *Folha de S.Paulo*, em 18 de junho de 2013.[37]

Sem seguir lideranças coletivas e sem pauta acordada em comum, os protestos chacoalharam o poder, mas traziam, nas bordas, indivíduos e organizações de extrema direita, e um imaginário de feição reacionária que se expandiu das margens para o centro. O revertério teve início provavelmente entre os dias 17 e 20 de junho — enquanto em Brasília uma multidão inflamada ocupava a rampa e a cobertura do Congresso Nacional, em São Paulo os manifestantes rasgavam bandeiras e disputavam no braço o comando do protesto.[38] Foi uma reviravolta e tanto: um discurso regressivo ou escancaradamente reacionário avançou sobre o veio principal das manifestações. O país se dividiu em 2013, e, nas manifestações acontecidas anos seguintes, em 2015 e 2016, as consequências puderam ser medidas: as esquerdas perderam o monopólio das ruas, o centro, mais moderado, se desfez em frangalhos, refluiu e se alinhou à direita; sem estabilidade no centro, as extremidades se perfilaram, o concentrado de ressentimento veio à tona e explodiu em ódio.

O ressentimento — a combinação emocional entre a desigualdade individualizada e o sentimento de injustiça — é um afeto com vigor suficiente para ligar pessoas, independentemente de sua posição na estrutura social. O ressentido se aferra à ideia de ser alguém que foi destituído de seu lugar de direito; por essa razão, se identifica com a condição de vítima. Isso traz consequências: eleva a voltagem do radicalismo, faz aflorar a intolerância que nega qualquer divergência e elimina o horizonte da igualdade.[39] Tomadas de ressentimento, as pessoas se comportam como se algo lhes tivesse sido roubado pelo progresso da inclusão social, acreditam que o país precisa ser regenerado por meio da violência eliminatória e se percebem ameaçadas em suas crenças, privilégios ou demandas pela expansão do catálogo de direitos.

A língua de Bolsonaro se escora no ressentimento. Seu sistema de explicação da realidade está firmado na relativização acrítica dos acontecimentos, na irrelevância dos fatos, na hipervalorização da perspectiva subjetiva, mas oferece clareza. E dota o "homem da massa" com uma certeza inabalável, observa o historiador Bruno Carvalho: a convicção de que a responsabilidade é sempre do outro. É tentador remeter o próprio infortúnio à situação de excepcionalidade ilegítima do outro, e a tática é recorrente na linguagem de Bolsonaro.[40] Enunciada pelo "homem da massa", terceirizar a responsabilidade sobre os problemas do país serve para aliviar o amor-próprio de quem se entende abandonado às próprias agruras, torna legítima a indiferença aos assuntos comuns e estimula a futilidade civil.

Mas, quando o status de vítima é assumido pelo presidente da República, a margem para operar procedimentos de degradação democrática se amplia. Escorado na autovitimização, o governante escolhe abdicar da gestão da coisa pública e de sua responsabilidade para com o bem comum — ele se dispensa da obrigação de designar as causas dos problemas e de esboçar os projetos para combatê-las. Para desempenhar o papel de vítima, Bolsonaro tem mobilizado um repertório variado que impressiona pelo conteúdo e pela forma. Já mirou governadores, prefeitos, ministros do STF, Petrobras, estiagem, legislação e a média dos brasileiros que, durante a pandemia de covid-19, resolveram comer mais: "O pessoal ficou mais em casa", declarou, no dia 9 de setembro de 2021, e a "média dos que passaram a comer mais foi bem maior. Se você perguntar em casa, ou olhar para você e lembrar quanto você pesava no passado e pesa agora, na média, todo mundo engordou um pouco mais. É uma realidade".[41]

A UTOPIA REGRESSIVA DE JAIR BOLSONARO

O ressentimento acionou o gatilho. Só faltava alinhavar os componentes ideológicos de uma linguagem desconjuntada e apresentar um enredo de catástrofes e traições com argumentos suficientemente bons para que a massa se dispusesse a acompanhá-lo, de modo a viabilizar um projeto reacionário de poder. Bolsonaro é falastrão, mas conta a mesma história: um dia o Brasil realmente foi o que devia ser; esse é o país a que estamos destinados, o Brasil no qual merecemos viver. Quem escuta se arrisca a ver fantasmas: vai enxergar fluindo no tempo, ao deus-dará, os escombros desse Brasil que foi perdido e irá culpar o presente por tê-lo arruinado. A nostalgia, o afeto que combina a amargura da perda e a sensação de desencaixe com o momento no qual se vive abriram o espaço para que a retórica reacionária alinhavasse no imaginário da massa algo próximo aos padrões de uma utopia: a visão meio nebulosa de um país ordenado e seguro, localizado num passado que foi roubado aos brasileiros, mas que não morreu.

Nostalgia é um sentimento de perda que se resolve na obsessão fascinada do sujeito com a própria ilusão.[42] *Nostos* é voltar para casa; *algia* significa anseio. É o desejo por um lar que não existe mais ou talvez nunca tenha existido. Expressa, simultaneamente, a saudade de um lugar e a sofreguidão por alcançar outro tempo, diferente daquele no qual se vive. As duas raízes são gregas; a palavra, contudo, foi inventada por um alemão, Johannes Hofer, em sua tese de medicina, escrita em 1688. Um doente de nostalgia, de fato, entrevê fantasmas, confirma Hofer; o paciente confunde o passado com o presente, e os acontecimentos reais com projeções imaginárias. Nostalgia é isso: a expressão do sentimento de que algo se perdeu numa história pessoal, mesmo que seu portador não saiba necessariamente onde procurar o que foi perdido. Ainda assim, era uma moléstia curável, considerava Hofer, semelhante a uma gripe comum, contra a qual ele costumava receitar ópio, sanguessugas ou uma viagem aos Alpes para sanar os sintomas.

Hofer naturalmente não podia prever o que viria pela frente; no século XXI, a nostalgia se combinou à política e, ao menos no Brasil, talvez tenha se tornado uma doença cada vez menos tratável. Na verdade, quando experimentada como uma forte motivação política, a nostalgia envolve riscos consideráveis: seu portador tende a confundir a realidade com um lugar imaginário e as necessidades de um presente histórico com a falsificação mais ou menos grotesca de um passado que nunca existiu. Se a confusão persistir, os sintomas se agravam e ele pode, igualmente, manobrar os mecanismos de sedução e manipulação característicos do sentimento de nostalgia para projetar uma pátria fantasma. Em defesa dessa pátria, também é possível que consiga convocar uma minoria furiosa, organizada para a violência. A combinação entre nostalgia e política tem uma dimensão utópica que é dirigida ao passado e não se resume ao senso de extravio experimentado em uma vivência individual.[43] É reacionária e explosiva.

Os motivos são três — e o primeiro é sua transformação de um sentimento de perda em uma história pessoal em afeto coletivo. O segundo advém das consequências para a vida de uma sociedade quando o sentimento nostálgico passa a ser partilhado coletivamente: a nostalgia substitui o pensamento crítico por um laço emocional capaz de projetar na imaginação grupal a visão fantasmagórica de uma terra natal em nome da qual se estará disposto a matar ou morrer. E, por fim, o enredo nostálgico é anti-histórico; permanece sempre igual a si mesmo e estabelece um confronto maniqueísta entre bem e mal. A volta para casa está submetida ao cerco do inimigo que conspira sem parar. E os inimigos são todos, e qualquer um: a professora, o ateu, o procurador que vela pelos povos indígenas, quilombolas e comunidades tradicionais, a jornalista, o antirracista, o advogado criminalista, a vereadora, a feminista, o estudante, a médica, a ministra do STF, o artista, o ambientalista, o cientista, a comunidade LGBTQIA+ inteira.

Sem oponentes, o enredo se desfaz. A lista de inimigos é interminável e inviabiliza a convivência democrática porque inclui qualquer pessoa — basta que não compartilhe da identificação absoluta com as emoções e as crenças defendidas por uma retórica reacionária incapaz de se reconhecer e ser praticada no terreno comum da política. Trilhar a estrada de volta a um falso passado e transitar da política para a guerra também vai exigir desses grupos organização para se impor à maioria da população, uso da violência contra opositores, mobilização contínua e disposição para agregar intimidação em larga escala às instituições democráticas.[44]

Cenários de instabilidade permanente e transformações aceleradas em grande volume são o terreno onde prospera o engate entre o reacionarismo e o sentimento de nostalgia. Trazem frustração das oportunidades, desigualdade e desemprego, tal como tem sido vivido por brasileiros a partir de década de 2010. O que amplifica a ansiedade e o estresse nessas circunstâncias não é a mudança, como anotou o cientista político Sérgio Abranches:

> É o inesperado abrir-se para o desconhecido, o repentino desaparecimento do horizonte da paisagem habitual, substituído por brumas densas e silhuetas imprecisas. É o deslocamento. Sentir-se em um mundo que não é mais o seu é uma sensação às vezes aterradora.[45]

Insegurança, medo, raiva pedem explicações e culpados. E adubam o terreno para quem, como Bolsonaro, pretende transcrever a história do Brasil na chave da falsificação e promete restaurar o passado que nunca existiu.

O sentimento de nostalgia estava circulando nas ruas desde 2013 — cresceu durante as manifestações entre 2015 e 2016. A disposição de reagir à democracia e mudar de calçada para fazer parar os relógios aparecia anunciada em meio à desordem visual de cartazes e faixas feitos à mão, com cartolina e pincel atômico: "Quero meu Brasil de volta"; "Eu quero o meu país de volta já!"; "31 de março de 1964. Data histórica que jamais esqueceremos"; "Por aqui não passarão! É chegada a hora. Eu quero meu País de volta!"; "Devolvam meu Brasil". Não havia nessas manifestações nenhum sonho novo dirigido ao futuro, e a combatividade da nostalgia não passou despercebida ao reacionarismo.

A retórica de Bolsonaro conseguiu liderar a investida de volta a esse passado falsificado porque entendeu como funciona a maleabilidade de um tempo tornado lenda. Ele pode ser vagamente relembrado, valorizado por sua suposta estabilidade e falsamente definido como um momento em que tudo o que podia ter acontecido aconteceu.[46] Bolsonaro investiu na oportunidade de administrar e modelar o passado para comandar um programa político de regressão ao autoritarismo que passou a ser desejado e reivindicado, sem muita cerimônia, pela massa, nas ruas — com resultados que ninguém pode ainda prever. O jogo retórico inclui restaurar um Estado punidor pronto a garantir segurança e ordem e a reunir a população em torno de um núcleo ambivalente de referência afetiva e política, a "pátria", definida como lugar de expressão de homogeneidade da nação brasileira. Esse Brasil restaurado se acredita feliz: cada um conhece seu devido lugar, defende a hierarquia de gênero e a família patriarcal como modelo de organização da sociedade e reclama por moralidade pública e por sua inscrição no ordenamento legal do país para regulação de corpos, comportamento e vínculos familiares — como, por exemplo, o casamento entre pessoas do mesmo sexo e a adoção de crianças por casais gays.

Evidentemente, o jogo retórico depende de falsificação histórica; ninguém restaura o passado, ainda menos aquele que nunca existiu. Mas o esforço sistemático de corromper a veracidade dos acontecimentos torna possível construir certo passado e fazer dele o cartão-postal da visão de mundo reacionária. Aliás, é pela reescrita da história que o mecanismo de funcionamento de uma utopia regressiva parece suscetível de ser assimilado à mitologia reacionária. Graças a ela, o obscuro caos dos acontecimentos que devolvem inteligibilidade à história reencontra-se submetido à estranha visão de um presente e de um futuro definidos em função do que se supõe ter sido. É pura negatividade, mas se materializa numa formulação utópica: o que já foi e deve ser pode vir a ser. Portanto, é preciso partir rumo ao país do passado.[47] Uma utopia regressiva é uma espécie de assombração ideológica — uma mitificação histórica necessariamente reacionária. O presente imediato é o tempo do desfazimento: tempo de decadência religiosa, corrupção em matéria de política, degradação no plano dos costumes, insegurança social, multiplicação das desigualdades. Contém, a cada dia, mais passado e menos futuro. As manifestações do imaginário político que animam o espírito utópico são regressivas porque o lugar de sua realização já ocorreu. A esperança está posta, mas virada ao avesso. Agarrada ao passado, ela secreta as imagens do que seria uma espécie degenerada de utopia: não mais o melhor estado de uma República, como imaginou Thomas More, nem se associa à sua decadência; serve, contudo, para revelar a Tirania, o reverso da República.

Bolsonaro entendeu que certo passado bem falsificado e alinhavado ideologicamente pode ser uma forte motivação política, mais poderosa até que uma guinada de futuro. O futuro está por nascer, é inexistente. O passado reescrito é irrefutável. É um falso passado, mas fornece adesão: graças a ele, em 2018 um pedaço da sociedade brasileira escapou para um mundo fictício completamente coerente e se sentiu em segurança. Talvez seja essa a originalidade do voto que habilitou Bolsonaro a liderar a demolição da democracia no Brasil, a partir de 2016, durante a sessão especial de deliberação sobre a autorização para abertura do processo de impedimento contra Dilma Rousseff. Num contexto de forte contestação democrática, seu voto definiu conjuntos ideológicos sob domínio de um mesmo tema, reunidos em torno de um núcleo — ao encerrar o discurso, ele havia fincado nos anos da ditadura militar o suposto lugar de origem de sua utopia. Havia um bocado de estratégia política numa maneira de falar que fazia uso de um conjunto particular de construções imaginárias e efeitos de linguagem voltados para internalizar no ouvinte determinada sequência de palavras-chave: "povo brasileiro", "1964", "família", "PT", "comunismo", "liberdade", "Carlos Alberto Brilhante Ustra", "Caxias", "Forças Armadas", "Brasil", "Deus". O foco do discurso se fechava no encadeamento desses conjuntos que fornece sentido às frases e deu ignição ao tipo de visão de mundo que o autor pretendia inaugurar na vida pública nacional.

A utopia regressiva de Bolsonaro está agarrada com firmeza aos anos da ditadura militar. Mas os conjuntos ideológicos reunidos no seu voto — "comunismo", "liberdade", "Carlos Alberto Brilhante Ustra", "Caxias", "Forças Armadas", "Brasil" — formam esquemas condutores em torno de outros personagens que são chamados por ele a retomar seu papel e a serem reabilitados na sua versão restauradora da ditadura militar. Fiel às suas origens, Bolsonaro vai retornar ao passado ditatorial com a pretensão de restaurar as estruturas fundamentais da visão de mundo que o formou, concebidas por uma oficialidade subalterna, engastadas nos quartéis e órgãos de informação e segurança das Forças Armadas, fanatizadas pelo anticomunismo e pela sede de repressão. De muitas maneiras, sua utopia revela a trajetória do reacionarismo avançando por dentro da instituição militar, de baixo para cima; e o caminho alarmante em que moldou suas próprias obsessões políticas. É significativo o momento, em 2016, em que Bolsonaro dedicou seu voto ao coronel Carlos Alberto Brilhante Ustra. Ali, ele encadeou, quase aos gritos e sílaba por sílaba, o nome do único oficial das Forças Armadas condenado civilmente pela Justiça brasileira pelo crime de tortura cometido durante a ditadura militar — na sentença do juiz Gustavo Santini Teodoro, em 2008 — à figura de Caxias, herói e patrono do Exército brasileiro. Ustra e Caxias seriam, nesse caso, dois tipos históricos complementares e a decisão de aproximá-los fala por si: Caxias

102

personifica o Exército e permanece cultuado pelos militares como o modelo perfeito de soldado — não por acaso, ao ingressar na Academia Militar, os cadetes recebem o espadim de Caxias, o principal símbolo da honra militar.[48]

A partir de 2018, Bolsonaro se transformou na versão bem-sucedida do espírito reacionário enraizado em um conjunto expressivo de patentes médias e inferiores que se entendiam "combatentes da revolução de 1964" e estavam convencidas de que o "inimigo comunista" é praticamente imortal. Em torno desse eixo imaginário, a instituição militar construiu uma unidade e um filtro doutrinário desde o impacto da insurreição de 1935 — a frustrada tentativa dos comunistas de tomar o poder no país pela via do levante militar armado.[49] Desde então, quem não é aliado é comunista.

Mas Bolsonaro talvez seja igualmente a derradeira expressão do custo da ditadura envenenando a estrutura das Forças Armadas. Entre 1964 e 1985, inúmeros oficiais de tropa foram retirados da ordem hierárquica de comando das unidades, da rotina de treinamento e do ambiente profissional para serem investidos de funções policiais e punitivas. Para quem dava expediente nos quartéis, isso parecia um bom negócio. Nas primeiras semanas após o golpe, haviam sido instaurados 763 Inquéritos Policial-Militares (ipms) para investigar as atividades de funcionários civis e militares na administração pública. Oficiais com patente de coronel que se intitulavam "revolucionários" e desejavam cargos no governo foram encarregados dos ipms. Em um ano de atividade, 10 mil réus e 40 mil testemunhas foram submetidos a inquéritos que revelavam completo desprezo pelas regras de justiça.[50]

Os coronéis se empenharam no ativismo reacionário. Constituíram a primeira facção do que a historiografia convencionou chamar de "linha dura" — o conjunto de militares fanatizados pela rejeição à democracia. A partir de 1969, porém, a constatação de que parte das forças de esquerda estava realmente disposta a pegar em armas e ameaçava incendiar o país liberou de vez a ferocidade da ditadura e formou uma segunda facção reacionária, dessa vez encarregada de tocar a máquina de repressão. Torturadores eram condecorados com a Medalha do Pacificador — que registra atos de bravura ou prestação de serviços relevantes ao Exército — no seu grau mais honroso e receberam promoções convencionais, além de gratificações salariais. Uma burocracia da violência foi instalada dentro das Forças Armadas e construiu uma matriz ideológica duradoura, fortemente reacionária, que se tornou fonte de poder no interior da instituição militar.[51]

As fundações da utopia regressiva de Bolsonaro estão fixadas nesse terreno. Em comum, as duas facções se reconhecem sob a bandeira imaginária do combate ao comunismo — a principal ameaça à vida brasileira em qualquer tempo, eles repetiram, incansáveis, por mais de trinta anos, sobretudo por sua extraordinária capacidade de dissimulação e infiltração nas dobras da sociedade. A partir da segunda metade da década de 1970, a segunda "linha dura", por assim dizer, formada por oficiais de diferentes patentes e incrustada nos organismos de coleta de informações, interrogatório e planejamento de operações de repressão, passou a conceber seu papel político em franca oposição ao governo dos generais. Defendia a preservação integral do aparelho repressivo, a ampliação e o fortalecimento dos mecanismos autoritários sobre a vida política brasileira, além, é claro, da conservação de sua posição privilegiada no interior de um Estado policial.

Não deu certo. A segunda "linha dura" bateu de frente com o projeto de abertura controlada apresentado ao país pelo general Ernesto Geisel quando assumiu a Presidência da República, em 1974. Geisel estava convencido da necessidade de desengajar as Forças Armadas do controle do Executivo. Mas não pretendia pôr em risco o projeto de país que vinha sendo implantado desde 1964.

104

No seu entendimento — e de vários comandantes de tropa e líderes de opinião da caserna —, a ditadura deveria fazer escolhas e definir o momento mais conveniente para revogar os poderes de exceção. A política de abertura controlada foi a alternativa que ele imaginou para manter a oposição longe do Executivo, de modo a garantir que a alternância de poder se realizasse de maneira tutelada, restrita aos círculos civis aliados, sem risco de forças de oposição constituírem maiorias governamentais. "A democracia brasileira tem características próprias", disparou Geisel numa entrevista a jornalistas franceses, em 1977. "Então, a democracia que se pratica no Brasil não pode ser a mesma que se pratica nos Estados Unidos da América, na França ou na Grã-Bretanha." E encerrou, categórico: "O Brasil vive um sistema democrático dentro de sua relatividade".[52]

Na prática, Geisel planejava uma forma de transferência de poder capaz de substituir gradativamente a coerção da ditadura por um governo civil de talhe autoritário. E temia a possibilidade de os quartéis se moverem em direção oposta ao projeto de abertura. Quase aconteceu. Em 1977, Sylvio Frota, ministro do Exército, abriu o confronto com o presidente da República. Frota, o principal porta-voz dos oficiais da segunda "linha dura", defendia publicamente a violência praticada pelos órgãos de repressão e manifestou de maneira ostensiva sua posição dissidente diante do "grupelho de generais palacianos", como ele fazia questão de sublinhar, em campanha nos quartéis, apresentando-se como candidato à sucessão presidencial.[53]

Em 12 de outubro de 1977, Geisel finalmente perdeu a paciência e demitiu o ministro do Exército. Frota reagiu e acionou os dispositivos do golpe de Estado. Divulgou manifesto intitulado "Aos meus comandados!" e convocou uma reunião do Alto--Comando que traria para Brasília os comandantes dos quatro Exércitos. O ministro do Exército tinha a seu lado seu ajudante de ordens, capitão Augusto Heleno Ribeiro Pereira, hoje ministro do

Gabinete de Segurança Institucional do governo Bolsonaro, e o apoio do comandante do Centro de Informações do Exército (CIE), general Antônio da Silva Campos, que despachou para o aeroporto o chefe de sua seção de operações, tenente-coronel Carlos Alberto Brilhante Ustra, para facilitar a ida dos generais ao encontro de Frota. O plano era simples. Frota supôs que receberia o apoio dos comandantes de tropa, deporia o presidente da República e assumiria o controle do Executivo. Deu tudo errado. Geisel conhecia muito bem o comportamento dos generais, que não aceitaram se reunir com o ministro do Exército ou derrubar o governo usando a força. Aliás, ele completara, naquele ano, meio século de participação nas desordens, conspirações e intervenções militares que as Forças Armadas protagonizaram na história brasileira.

O reacionarismo recuou para a caserna. Mas o que se perdeu no passado talvez possa ser reencontrado e reconfirmado no presente. Nas décadas seguintes, o conjunto de oficiais "linha dura" atuou como transmissor ativo de ideologia, dentro dos quartéis e na condição de instrutores das turmas de cadetes da Academia Militar das Agulhas Negras (Aman).

> Os oficiais que combateram a guerrilha do Araguaia foram instrutores da turma da Aman [...]. De 1974 a 77, os cerca de quatrocentos cadetes da turma receberam ensinamentos sob influência do êxito militar da campanha. Os instrutores que derrotaram a guerrilha comunista eram adorados pelos alunos[,]

conta, em 2009, ao jornal *Folha de S.Paulo*, um coronel da reserva. Desde então, segue a reportagem,

> a vitória na guerrilha virou referência para o Exército em treinamento e instruções de combate na selva. Na classe, também estava o deputado federal Jair Bolsonaro (PP[Partido Progresista]-RJ), ca-

pitão da reserva do Exército. Bolsonaro disse que as aulas sobre as estratégias do combate desenvolvido contra os guerrilheiros rurais enviados à selva amazônica pelo então clandestino PCDOB [Partido Comunista do Brasil] mostraram aos cadetes quais eram as intenções "daquela cambada comunista".[54]

Profundamente autoritários na política e imersos no anticomunismo fanático, os oficiais da segunda "linha dura", engastados na comunidade de informações e segurança, decerto não foram formados intelectual e politicamente apenas pela experiência repressiva, escreveu a historiadora Maud Chirio. E explicou: "Os órgãos atraem oficiais já entusiasmados pela luta contra a subversão e, em alguns casos, envolvidos com grupelhos militantes, até mesmo terroristas". Mas a ditadura concedeu-lhes "um espaço e um sistema a ser defendido, bem como uma nova identidade política: eles são 'combatentes da revolução', que exigem a eterna perpetuação dos anos de chumbo sob o argumento de que a ameaça subversiva é imortal".[55]

Bolsonaro não se esqueceu dos grupelhos paramilitares referidos por Chirio. É possível encontrar todos os ingredientes ideológicos que formam a marca dos oficiais da segunda "linha dura" reunidos em torno do núcleo central de sua utopia regressiva. No interior desse núcleo, contudo, brota uma rede de correlações existentes, com pontos de encontro temáticos que giram em torno de uma dinâmica de imagens e símbolos que se imbricam, perdem-se por vezes uns nos outros, respondem-se e tornam a se misturar. A versão mais poderosa dessa rede de correlações extraídas do passado desemboca no brado com que Bolsonaro finalizou seu voto: "Brasil acima de tudo, Deus acima de todos". Dois anos depois, em 2018, o brado se tornou slogan de campanha e o emblema de sua presidência. E, em novembro de 2021, um painel de dez metros de largura por 2,5 metros de altura com esses dizeres foi instalado no saguão de entrada do Palácio do Planalto. O painel, doado pelo autor, Heinz Budweg, um alemão radicado no país, apresenta uma visão idílica da história do Brasil: bandeirantes paulistas, um punhado de índios, seringueiros, garimpeiros, soldados; algumas pessoas cultivam a terra; aqui e ali um mico, alguns tucanos e beija-flores, uma onça-pintada, diversos papagaios; a catedral de Brasília, o Teatro Amazonas, em Manaus — tudo em cores fortes, com predomínio do verde e do amarelo.[56]

Segundo o presidente da República, o painel exibe "de ponta a ponta o Brasil". Provavelmente é a primeira representação em imagem desse slogan e ocupa uma das principais paredes do palácio, logo atrás da portaria de entrada das autoridades. Mas o uso que Bolsonaro faz dele é antigo. "Brasil acima de tudo" serviu de arremate para o artigo que ele assinou na revista *Veja*, em 1986, na seção "Ponto de vista", com o título "O salário está baixo". Um ato claro de indisciplina. Bolsonaro cumpriu prisão por transgressão disciplinar e hierárquica sem reclamar; *Veja* era então a revista de maior circulação nacional, a repercussão na caserna foi enorme e o artigo o projetou pelo país.[57]

"Brasil acima de tudo" é a divisa da Brigada de Infantaria Paraquedista (26ª BI PQDT), sediada na Vila Militar, no Rio de Janeiro. O comandante encerra sua fala diária à tropa, conclamando: "Brasil!". A tropa bradeja então: "Acima de tudo!". Bolsonaro passou parte de sua vida militar na Brigada de Infantaria Paraquedista, incorporado ao 8º Grupo de Artilharia de Campanha Paraquedista (8º GAC PQDT). Aliás, cabe lembrar, o centro nervoso do governo Bolsonaro é formado por diversos oficiais paraquedistas. Entre eles, os generais Augusto Heleno (ministro do Gabinete de Segurança Institucional), Luiz Eduardo Ramos (ministro-chefe da Secretaria-Geral da Presidência da República) e Eduardo Pazuello (ex-ministro da Saúde, hoje secretário de Estudos Estratégicos da Secretaria Especial de Assuntos Estratégicos da Presidência da República).[58] Mas "Brasil acima de tudo" tem uma longa história. Nesse brado ressoa o primeiro verso da canção nacionalista "Das Lied der Deutschen" (A canção dos alemães), composta em 1841 por August Heinrich Hoffmann — *Deutschland über alles* (Alemanha acima de tudo). "Das Lied der Deutschen" evoca as disputas territoriais entre a Prússia e a França a partir da região da Alsácia- -Lorena, antecede a Guerra Franco-Prussiana (1870-1) e sua melodia é idêntica à de "Gott erhalte Franz den Kaiser", composição de Joseph Haydn, feita em 1797 por encomenda do imperador Francisco I, da Áustria. Nos anos 1930, contudo, os nazistas se apropriaram da canção. Cantavam apenas a primeira estrofe, justamente a que inclui o trecho "Alemanha acima de tudo"; em seguida, emendavam com os versos do hino do partido e, para completar, durante a execução do hino faziam a saudação nazista. Depois disso, a associação do verso *Deutschland über alles* e de toda a primeira estrofe da canção de Hoffmann com o nazismo passou a ser irreversível.[59]

No Brasil, o uso em quartéis começou em 1966. O brado "Brasil acima de tudo" foi introduzido na Brigada Paraquedista por um punhado de jovens oficiais integrantes do grupo paramilitar Centelha Nativista: José Aurélio Valporto de Sá, Kurt Pessek, Dickson Grael, Ivan Hauer e Victor Motta — na origem, era o lema da própria Centelha Nativista. Grupos dessa natureza — como a Aliança Anticomunista Brasileira ou o Grupo Secreto — foram gestados nos quartéis e órgãos de informação e segurança das Forças Armadas e consistiram no principal foco de ativismo das facções "linha dura" durante a ditadura iniciada em 1964. A Centelha Nativista era formada por capitães, majores e coronéis do Exército organizados em torno do repertório ideológico bem definido pela segunda "linha dura". Alegavam proteger a "democracia" contra o marxismo e o comunismo; estavam dispostos a lutar contra a "subversão"; pretendiam resgatar os ideais da "Revolução de 1964", que entendiam terem sido traídos pelo governo dos generais.

O grupo Centelha Nativista se abrigava na Vila Militar e dedicava-se tanto ao ativismo político quanto à execução de ações armadas. A mais espetaculosa ocorreu em setembro de 1969, quando seus integrantes ocuparam os quatro andares do prédio da Rádio Nacional, na praça Mauá, no Rio de Janeiro, com o objetivo de dar publicidade a um manifesto contra a Junta Militar que então governava o país. Com essa ação, a Centelha Nativista pretendia levantar os quartéis e impedir na marra o banimento dos quinze presos políticos libertados em troca do embaixador norte-americano Charles Burke Elbrick, sequestrado por duas organizações de oposição armada — Movimento Revolucionário 8 de Outubro (MR-8) e Aliança Libertadora Nacional (ALN).[60]

"Brasil acima de tudo" está no núcleo da utopia regressiva. Carrega uma rede de correlações, revela pontos de encontro do reacionarismo e recoloca em contexto histórico as referências ao nazismo que estão profundamente cravadas no imaginário brasileiro. O Partido Nazista na Alemanha implantou seções — ou filiais — em 83 países, coordenadas pela Organização do Partido Nazista no Exterior, com sede em Berlim. A maior seção estava instalada no Brasil, com 2900 integrantes oficiais. Chamava-se Partido Nazista no Brasil e funcionou legalmente entre 1928 e 1938, quando a ditadura do Estado Novo proibiu a existência de partidos políticos. Espalhada por dezessete estados brasileiros, a agremiação tinha sede em São Paulo, que abrigava o maior número de filiados. Em seguida vinham Santa Catarina, Rio de Janeiro e Rio Grande do Sul. No Nordeste, o maior contingente localizava-se em Pernambuco e na Bahia. No Norte, no Pará. No Centro-Oeste, em Mato Grosso. Em 1935, o partido tinha, no Brasil, 57 núcleos organizados, dezessete grupos locais e quarenta pontos de apoio. Também lançou um punhado de jornais e algumas revistas para fazer propaganda direta do Reich e difundir ideias antissemitas. Patrocinava eventos esportivos e criou escolas.[61] A dinâmica das conexões que organizam a utopia regressiva fornece uma visão de mundo. Ela proporciona, ao mesmo tempo, a visão de um passado falsificado e de um lugar seguro para o homem médio. Por exemplo: forte masculinidade no lugar de igualdade de gênero; segurança nos papéis sociais; um Estado inflexível que garanta a ordem e proporcione à sociedade a sensação de proteção. Mas essas raízes podem, igualmente, servir para acionar um reavivamento nacional que reivindique uma pátria pura e limpa. Ou, então, promover um reavivamento religioso de natureza fundamentalista.

E a questão é decerto mais complicada do que isso. A utopia regressiva revela a existência de uma espécie de fundo retrógrado na sociedade brasileira. Não sabemos o que dele pode emergir, se for aberto. Deixar de prestar atenção ao que está acontecendo facilita o retorno de formas autoritárias como as ditaduras, às quais nos prometemos nunca mais voltar. Mas o perigo é de outra natureza, escreve Newton Bignotto ao retomar a reflexão de Hannah Arendt acerca do totalitarismo como potencialidade e como risco sempre presente nas sociedades democráticas. Aquilo que pode emergir entre nós não tem a forma de um regime político; são os ingredientes reveladores de uma espécie de essência totalitária que atravessam as sociedades democráticas desde sempre fluindo silenciosamente por meio de "correntes subterrâneas".[62]

Esses ingredientes podem inflar, subir à superfície e se cristalizar inicialmente, seja no feitio de um repertório ideológico, seja assumindo a feição de movimentos políticos extremos — ambos assustadoramente atuais. O que assombrou Arendt foi perceber que esses ingredientes, quando retornados à superfície, podem transformar o sistema democrático de dentro para fora; e, durante algum tempo, boa parte da população sequer se dá conta isso. Não dão trégua à capacidade de resistência dos valores democráticos, reverberam na sociedade de diferentes maneiras, emprestam um rosto novo e contemporâneo ao totalitarismo e lhe conferem sentido. Então, sublinha Hannah Arendt ao longo de sua obra, é necessário reagir. Hannah Arendt destaca mais uma coisa: aqueles que escolhem o mal menor, a omissão, o testemunhar em silêncio, muitas vezes se esquecem de que ainda assim optaram pelo mal.[63] Por outro lado, história não é destino — não está escrita nas estrelas. Já conhecemos as circunstâncias em que a democracia vai sendo destruída cotidianamente pela ação de governantes reacionários. Mas a democracia é um empreendimento compartilhado por uma sociedade. Os sinais que devemos procurar hoje em dia precisam ser outros: como reativar ou revigorar na sociedade brasileira a crença na democracia. E como reconstruí-la se ela, de fato, necessitar recomeçar de novo entre nós.

NOTAS

1. Para o "Muro do Impeachment", ver Machado da Costa e Aguirre Talento, "Muro capital" (*Folha de S.Paulo*, p. A9, 12 abr. 2016); "Muro dividirá atos pró e contra governo" (*Folha de S.Paulo*, p. A5, 11 abr. 2016); Aline Ribeiro, "Muro do impeachment: O isentão da discórdia" (*Época*, n. 937, 16 abr. 2016) Pesquisa em jornais e sites: Francis Augusto Duarte (Projeto República/UFMG).

2. Para as ruas e os repertórios de confronto, ver Angela Alonso, "A política das ruas: Protestos em São Paulo de Dilma a Temer" (*Novos Estudos*, São Paulo, n. especial, jun. 2017). Para o impeachment de Dilma Rousseff, ver Rafael Mafei, "O impeachment fiscal", em *Como remover um presidente: Teoria, história e prática do impeachment no Brasil* (Rio de Janeiro: Zahar, 2021); Bernardo Mello Franco, *Mil dias de tormenta: A crise que derrubou Dilma e deixou Temer por um fio* (Rio de Janeiro: Objetiva, 2018).

3. "Ata da 91ª Sessão da Câmara dos Deputados, Deliberativa Extraordinária, Vespertina, da 2ª Sessão Legislativa Ordinária, da 55ª Legislatura, em 17 de abril de 2016". Brasília: Congresso Nacional, 2016. pp. 232-3.

4. Para análise da linguagem empregada e do desempenho encenado de Bolsonaro nesse voto e em seus discursos, ver Carlos Piovezani, "Bolsonaro fala às massas", em Carlos Piovezani e Emílio Gentile, *A linguagem fascista* (São Paulo: Hedra, 2020). Para a importância desse voto no deslocamento de Bolsonaro ao centro da política brasileira, ver Leonardo Avritzer, *Política e antipolítica: A crise do governo Bolsonaro* (São Paulo: Todavia, 2020).

5. Para autoritarismo, ver Florestan Fernandes, *Apontamentos sobre a "teoria do autoritarismo"* (São Paulo: Expressão Popular, 2019); Marilena Chaui, *Manifestações ideológicas do autoritarismo brasileiro* (Belo Horizonte: Autêntica; São Paulo: Ed. Fundação Perseu Abramo, 2013), v. 2; Lilia M. Schwarcz, *Sobre o autoritarismo brasileiro* (São Paulo: Companhia das Letras, 2019). Para populismo, ver Simon Tormey, *Populismo: Uma breve introdução* (São Paulo: Cultrix, 2019); Margaret Canovan, *Populism* (Londres: Junction Books, 1981).

6. Para conservadorismo, ver Edmund Burke, *Reflexões sobre a Revolução na França* (Rio de Janeiro: Topbooks, 2015); Kirk Russell, *A mentalidade conservadora: De Edmund Burke a T.S. Eliot* (São Paulo: É Realizações, 2020); Roger Scruton, *Conservadorismo: Um convite à grande tradição* (Rio de Janeiro: Record, 2019); Marina Basso Lacerda, *O novo conservadorismo brasileiro* (Porto Alegre: Zouk, 2019).

7. Para a ênfase nesse suposto elementar da definição de democracia, ver Joseph A. Schumpeter, *Capitalismo, socialismo e democracia* (Franca: Ed. Unesp, 2017). Para a forma de governar de Bolsonaro, ver Marcos Nobre, *Ponto-final: A guerra de Bolsonaro contra a democracia* (São Paulo: Todavia, 2020).

8. Maria Efigênia Lage de Resende, "Às vésperas de 37: O novo/velho discurso da ordem conservadora". *Revista Brasileira de Estudos Políticos*, Belo Horizonte, n. 7, 1999.

9. Para o movimento restaurador, ver Marcello Basile, "Os reacionários do império: A imprensa caramuru no Rio de Janeiro" (*Dimensões*, Vitória, n. 10, jan.-jul. 2000). Para revoltas, ver Marcus J. M. de Carvalho, "Um exército de índios, quilombolas e senhores de engenho contra os 'jacubinos': A Cabanada, 1832-1835", em Monica Duarte Dantas (Org.), *Revoltas, motins, revoluções: Homens livres pobres e libertos no Brasil do século XIX* (São Paulo: Alameda, 2011); Sócrates Brito, *A rebelião de Pinto Madeira: Fatores políticos e sociais* (Florianópolis: UFSC, 1979), dissertação (Mestrado em História).

10. Para reacionário e reacionarismo, ver Jean Starobinski, *Action et réaction: Vie et aventures d'un couple* (Paris: Seuil, 2014); Albert O. Hirschman, *A retórica da intransigência: Perversidade, futilidade, ameaça* (São Paulo: Companhia das Letras, 2019); Mark Lilla, *A mente naufragada: Sobre o espírito reacionário* (Rio de Janeiro: Record, 2018).

11. Para reação e Termidor, ver Bronislaw Baczko, *Comment Sortir de la Terreur: Thermidor et la Révolution* (Paris: Gallimard, 1989).

12. Para o ato de declarar e a dinâmica interna dos direitos, ver Lynn Hunt, *A invenção dos direitos humanos: Uma história* (São Paulo: Companhia das Letras, 2009); Hannah Arendt, "Direitos públicos e interesses privados: Uma resposta a Charles Frankel", em *Ação e a busca da felicidade*, org. de Heloisa M. Starling (Rio de Janeiro: Bazar do Tempo, 2018); Hannah Arendt, "The Rights of Man, What Are They?" (*Modern Review*, Londres, n. 3, v. 1, 1949). Para o novo panorama político aberto pelos direitos, ver Jean-François Sirinelli, *Histoire des droites* (Paris: Gallimard, 2006); José Murilo de Carvalho, *Cidadania no Brasil: O longo caminho* (Rio de Janeiro: Civilização Brasileira, 2014).

13. Para a retórica reacionária, ver Joseph de Maistre, *Considerações sobre a França* (Coimbra: Almedina, 2010). Ver também Marcel de Bigne de Villeneuve, *Satanás en la ciudad* (Sevilha: Editorial Católica Española, 1952). Para o Iluminismo como causa e movimento político e seus predecessores, ver Robert Darnton, *Os dentes falsos de George Washington: Um guia não convencional para o século XVIII* (São Paulo: Companhia das Letras, 2005).

14. Para as "ondas reacionárias", ver Albert O. Hirschman, "Duzentos anos de retórica reacionária" (*Serrote*, São Paulo, n. 24, nov. 2016); idem, *A retórica da intransigência*, op. cit.

15. Thomas Babington Macaulay, *The Miscellaneous Writings and Speeches of Lord Macaulay*. Scotts Valley: CreateSpace Independent Publishing Platform, 2016, v. IV, p. 136.

16. Celso Rocha de Barros, "Uma história de dois azares e um impeachment". In: Sérgio Abranches et al. *Democracia em risco?: 22 ensaios sobre o Brasil hoje*. São Paulo: Companhia das Letras, 2019, p. 71.

17. Para a Constituição de 1988, ver Cármen Lúcia Antunes Rocha, *Constituição e constitucionalidade* (Belo Horizonte: Lê, 1991); Oscar Vilhena Vieira, *A batalha dos poderes: Da transição democrática ao mal-estar constitucional* (São Paulo: Companhia das Letras, 2018); Naercio Menezes Filho e André Portela Souza (Orgs.), *A Carta: Para entender a Constituição brasileira* (São Paulo: Todavia, 2019); Virgílio Afonso da Silva, *Direito constitucional brasileiro* (São Paulo: Edusp, 2021). Ver também Lilia M. Schwarcz e Heloisa M. Starling, *Brasil: Uma biografia* (São Paulo: Companhia das Letras, 2015), especialmente o capítulo 18. Para a estratégia reacionária de desmontagem da Constituição e destruição da arquitetura de direitos, ver também Luiz Eduardo Soares, *Dentro da noite feroz: O fascismo no Brasil* (São Paulo: Boitempo, 2020).

18. Ver Jussara Soares et al., "Governo Bolsonaro chega ao milésimo dia vivendo três crises por mês" (*O Globo*, p. 4, 26 set. 2021).

19. Camila Mattoso, Fabio Serapião e José Marques, "Carta... à Nação". *Folha de S.Paulo*, p. A4, 16 out. 2021.

20. Para o conjunto das crises, ver Jussara Soares et al., "Governo Bolsonaro chega ao milésimo dia vivendo três crises por mês", op. cit. Ver também Marcos Nobre, *Ponto-final*, op. cit.

21. Para o padrão de crise democrática, ver Adam Przeworski, *Crises da democracia* (Rio de Janeiro: Zahar, 2020).

22. Para indicadores de comportamento antidemocráticos e produção de crises, ver Juan Linz, *The Breakdown of Democratic Regimes: Crises, Breakdown, and Reequilibration* (Baltimore: Johns Hopkins University Press, 1978); Steven Levitsky e Daniel Ziblatt, *Como as democracias morrem* (Rio de Janeiro: Zahar, 2018).

23. Para a foto, ver "A dor da fome" (*Extra*, ano XXIV, n. 9168, p. 1, 29 set. 2021).

24. Para as comemorações dos mil dias, ver Naíra Trindade e Melissa Duarte, "Após testar negativo para Covid, Bolsonaro inicia agenda de viagens" (*O Globo*, Rio de Janeiro, p. 6, 27 set. 2021).

25. Para o discurso de Bolsonaro em Teixeira de Freitas, ver "Discurso do Presidente da República, Jair Bolsonaro, na cerimônia de inauguração da Estação Cidadania, de entrega de títulos de propriedades rurais e de anúncio de duplicação da BR-116 e da BR-101 — Teixeira de Freitas/BA" (Presidência da República, Planalto, 28 set. 2021). Disponível em: <www.gov.br/planalto/pt-br/acompanhe--o-planalto/discursos/2021/discurso-do-presidente-da-republica-jair-bolsonaro--na-cerimonia-de-inauguracao-da-estacao-cidadania-de-entrega-de-titulos-de--propriedades-rurais-e-de-anuncio-de-duplicacao-da-br-116-e-da-br-101-tei-xeira-de-freitas-ba>. Acesso em: 4 fev. 2022.

26. Para o discurso de Bolsonaro em Boa Vista, ver "Discurso do Presidente da República, Jair Bolsonaro, no ato público com o governador de Roraima, Antonio Denarium — Boa Vista/RR" (Presidência da República, Planalto, 29 set. 2021). Disponível em: <www.gov.br/planalto/pt-br/acompanhe-o-planalto/dis-cursos/2021/discurso-do-presidente-da-republica-jair-bolsonaro-no-ato-publi-co-com-o-governador-de-roraima-antonio-denarium-boa-vista-rr>. Acesso em 4 fev. 2022.

27. Angela Alonso, "Em nova modalidade de provocação, Bolsonaro trocou a motociata pela tanqueata presidencial". *Folha de S.Paulo*, p. A11, 13 ago. 2021. Ver também idem, "A comunidade moral bolsonarista", em Sérgio Abranches et al., *Democracia em risco?*, op. cit.; Jairo Nicolau, *O Brasil dobrou à direita: Uma radiografia da eleição de Bolsonaro em 2018* (Rio de Janeiro: Zahar, 2020).

28. Hannah Arendt, *Origens do totalitarismo*. São Paulo: Companhia das Letras, 1990, p. 367.

29. Para solidão, ver Hannah Arendt, ibid.; Newton Bignotto, "Apatia e

desolação nas sociedades contemporâneas", em Adauto Novaes (Org.), *Mutações: A outra margem da política* (São Paulo: Ed. Sesc, 2019); Georges Minois, *História da solidão e dos solitários* (São Paulo: Ed. Unesp, 2019).

30. Para fortalecimento e consolidação do apoio a Bolsonaro, ver Patrícia Campos Mello, "Estudo aponta aumento do radicalismo de bolsonaristas" (*Folha de S.Paulo*, p. A5, 22 set. 2021).

31. Para "Pronunciamento" como modalidade de golpe de Estado, ver Edward Luttwak, *Golpe de Estado: Um manual prático* (Rio de Janeiro: Paz e Terra, 1991). Ver também Newton Bignotto, *Golpe de Estado: História de uma ideia* (Rio de Janeiro: Bazar do Tempo, 2021), especialmente os capítulos 4 e 5.

32. Para "Eu sou a Constituição", ver Gustavo Uribe, Daniel Carvalho e Matheus Teixeira, "Sob pressão, Bolsonaro baixa tom, e Defesa prega obediência à Constituição" (*Folha de S.Paulo*, p. A4, 21 abr. 2020).

33. "Bolsonaro discursa em Brasília para manifestantes que pediam intervenção militar". *G1*, 19 abr. 2020, disponível em: <g1.globo.com/politica/noticia/2020/04/19/bolsonaro-discursa-em-manifestacao-em-brasilia-que-defendeu-intervencao-militar.ghtml>, acesso em: 4 fev. 2022; Ricardo Della Coletta e Renato Onofre, "Não queremos negociar, afirma Bolsonaro em ato pró-intervenção militar". *Folha de S.Paulo*, p. A4, 20 abr. 2020.

34. Ver Patrícia Campos Mello, "Estudo aponta aumento do radicalismo de bolsonaristas", op. cit.

35. Para frustração de expectativas e retração econômica, ver Adalberto Cardoso, *À beira do abismo: Uma sociologia política do bolsonarismo* (Rio de Janeiro: Amazon, 2020); Mariana Chaguri, Savio Cavalcante e Michel Nicolau Netto, "O conservadorismo liberal do homem médio" (*Época*, 9 jan. 2019); André Singer, *As contradições do lulismo: A que ponto chegamos* (São Paulo: Boitempo, 2016); Jairo Nicolau, *O Brasil dobrou à direita*, op. cit.

36. Para transformação do sistema de desigualdades e o novo individualismo, ver Sérgio Abranches, *O tempo dos governantes incidentais* (São Paulo: Companhia das Letras, 2020); François Dubet, *O tempo das paixões tristes* (São Paulo: Vestígio, 2020).

37. "Milhares vão às ruas 'contra tudo'; grupos atingem palácios". *Folha de S.Paulo*, p. 1, 18 jun. 2013. Para as manifestações de 2013 e as que se seguiram até agosto de 2016, ver Angela Alonso, "Protestos em São Paulo de Dilma a Temer", em André Botelho e Heloisa M. Starling (Orgs.), *República e democracia: Impasses no Brasil contemporâneo* (Belo Horizonte: Ed. UFMG, 2017); André Singer, "Brasil, junho de 2013, classes e ideologias cruzadas" (*Novos Estudos*, São Paulo, n. 97, 2013); Marcos Nobre, *Choque de democracia: Razões da revolta* (São Paulo: Companhia das Letras, 2013); Adriano de Freixo (Org.), *Manifestações no*

Brasil: As ruas em disputa (Rio de Janeiro: Oficina Raquel, 2016); Lilia M. Schwarcz e Heloisa M. Starling, "Pós-escrito", em *Brasil: Uma biografia*, op. cit.

38. Para situar o momento da reviravolta, ver Leonardo Avritzer, *Impasses da democracia no Brasil* (Rio de Janeiro: Civilização Brasileira, 2016), especialmente o capítulo 3; Angela Alonso, "Protestos em São Paulo de Dilma a Temer", op. cit.

39. Para ressentimento, ver Marc Ferro, *O ressentimento na história* (Rio de Janeiro: Agir, 2009); Maria Rita Kehl, *Ressentimento* (São Paulo: Casa do Psicólogo, 2011).

40. Bruno Carvalho, "Não foi você". *piauí*, n. 142, jul. 2018. Ver também João Moreira Salles, "Anotações sobre uma pichação" (*piauí*, n. 139, abr. 2018).

41. Ingrid Soares, "Bolsonaro culpa quem está comendo mais pela inflação: 'Todo mundo engordou'". *Estado de Minas*, 10 set. 2021. Douglas Gavras e Danilo Verpa. "Famílias buscam comida que iria para o lixo". *Folha de S.Paulo*, p. A24, 24-out.-2021.

42. Para nostalgia, ver Svetlana Boym, *The Future of Nostalgia* (Nova York: Basic Books, 2001). Ver também Jean Starobinski e William S. Kemp, "The Idea of Nostalgia" (*Diogenes*, Paris, v. 14, n. 54, 1966); Mark Lilla, *A mente naufragada*, op. cit.

43. Para a combinação entre nostalgia e política e sua formulação utópica, ver Zygmunt Bauman, *Retrotopia* (Rio de Janeiro: Zahar, 2017).

44. Para a transposição da polarização política para a lógica de guerra no Brasil de Bolsonaro, ver Marcos Nobre, *Ponto-final*, op. cit.

45. Sérgio Abranches, *O tempo dos governantes incidentais*, op. cit., p. 24.

46. Para o engate entre utopia e a construção de um falso passado, ver Raoul Girardet, *Mitos e mitologias políticas* (São Paulo: Companhia das Letras, 1987).

47. Para utopia regressiva, ver Zygmunt Bauman, *Retrotopia*, op. cit. Para assimilação com a mitologia reacionária, ver Mark Lilla, *A mente naufragada*, op. cit.

48. Para a retórica de Bolsonaro no momento do voto em que a associação ocorre, ver Carlos Piovezani, "Bolsonaro fala às massas", op. cit. Para o culto a Caxias, ver Celso Castro, "Batalhas da memória", em *A invenção do Exército brasileiro* (Rio de Janeiro: Zahar, 2002); Frank D. McCann, *Soldados da pátria: História do Exército brasileiro 1889-1937* (São Paulo: Companhia das Letras, 2007), especialmente o capítulo 11.

49. Para a concepção do inimigo comunista como filtro doutrinário nas Forças Armadas, ver Maud Chirio, *A política nos quartéis: Revoltas e protestos de oficiais na ditadura militar brasileira* (Rio de Janeiro: Zahar, 2012). Para as raízes históricas do anticomunismo no país, ver Rodrigo Patto de Sá Motta, *Em guarda contra o perigo vermelho: O anticomunismo no Brasil (1917-1964)* (São Paulo: Perspectiva, 2002).

50. Para IPMs, ver Maud Chirio, *A política nos quartéis*, op. cit.; Maria Helena Moreira Alves, *Estado e oposição no Brasil (1964-1984)* (Petrópolis: Vozes, 1984); Lilia M. Schwarcz e Heloisa M. Starling, *Brasil: Uma biografia*, op. cit., especialmente o capítulo 18.

51. Para a formação, caracterização e atuação das facções militares durante a ditadura, ver Maud Chirio, *A política nos quartéis*, op. cit.

52. Entrevista de Ernesto Geisel a Jacques Chancel no programa *Le Grand Échiquier*, RTF, 9 jun. 1977. Para o projeto dos militares de descompressão do sistema político, ver Alfred Stepan, *Os militares: Da abertura à Nova República* (Rio de Janeiro: Paz e Terra, 1986); Brasilio Sallum Jr., *Labirintos: Dos generais à Nova República* (São Paulo: Hucitec, 1996); Elio Gaspari, *A ditadura derrotada* (São Paulo: Companhia das Letras, 2003); Elio Gaspari, *A ditadura encurralada* (São Paulo: Companhia das Letras, 2004).

53. Para Sylvio Frota, ver Elio Gaspari, *A ditadura encurralada*, op. cit.; Elio Gaspari, *A ditadura derrotada*, op. cit.; Maria Celina D'Araujo e Celso Castro (Orgs.), *Ernesto Geisel* (Rio de Janeiro: Ed. FGV, 1997); Sylvio Frota, *Ideais traídos* (Rio de Janeiro: Zahar, 2006).

54. Raphael Gomide e Sergio Torres, "Araguaia era referência em aulas do Exército". *Folha de S.Paulo*, p. A10, 26 jul. 2009. Ver também Luiz Maklouf Carvalho, *O cadete e o capitão: A vida de Jair Bolsonaro no quartel* (São Paulo: Todavia, 2019), p. 34.

55. Maud Chirio, *A política nos quartéis*, op. cit., p. 204.

56. Para o painel, ver Eduardo Gayer, "Planalto expõe painel de dez metros batizado com o slogan da campanha de Bolsonaro" (*O Estado de S. Paulo*, ed. digital, 18 nov. 2021), disponível em: <politica.estadao.com.br/noticias/geral, planalto-expoe-painel-de-10-metros-com-slogan-da-campanha-de-bolsonaro--em-2018,70003902420>, acesso em: 4 fev. 2022.

57. Para o artigo, publicado em 3 de setembro de 1986, ver "O artigo em *Veja* e a prisão de Bolsonaro nos anos 1980" (*Veja*, ed. digital, 30 jul. 2020), disponível em: <veja.abril.com.br/coluna/reveja/o-artigo-em-veja-e-a-prisao--de-bolsonaro-nos-anos-1980/>, acesso em: 4 fev. 2022. Ver também Luiz Maklouf Carvalho, *O cadete e o capitão*, op. cit., pp. 57 e ss.

58. Para a divisa, ver Rolim Machado Vandré, *Os símbolos e rituais da Brigada de Infantaria Paraquedista: Influências, permanências e rupturas* (Rio de Janeiro: ECEME, 2016), dissertação (Mestrado em Ciências Militares).

59. Para Hoffmann e "A canção dos alemães", ver Philip V. Bohlman, *Focus: Music, Nationalism, and the Making of the New Europe* (Nova York: Routledge, 2004), especialmente o capítulo 2; Margarete Myrex Feinstein, "Deutschland über alles?: The National Anthem Debate in the Federal Republic of Germany" (*Central European History*, Cambridge, v. 33, n. 4, 2000); Josef Hanson, "German

National Song in the Third Reich: A Tale of Two Anthems" (*Music and Politics*, Ann Arbor, v. 7, n. 1, 2011); Andrea Grafetstätter, "Relações literárias franco-germânicas como origem do hino nacional alemão?" (*Brathair*, v. 14, n. 2, 2014). Devo à generosidade de Karina Rezende as indicações bibliográficas para Hoffmann e "A canção dos alemães".

60. Para Centelha Nativista, ver Rolim Machado Vandré, *Os símbolos e rituais da Brigada de Infantaria Paraquedista*, op. cit.; Maud Chirio, *A política nos quartéis*, op. cit.; Hugo Abreu, *O outro lado do poder* (Rio de Janeiro: Nova Fronteira, 1979). Ver também Silvio Da-Rin, *Hércules 56: O sequestro do embaixador americano em 1969* (Rio de Janeiro: Zahar, 2007).

61. Para a criação e atuação do Partido Nazista no Brasil, ver Ana Maria Dietrich, *Nazismo tropical?: O Partido Nazista no Brasil* (São Paulo, USP, 2007), tese (Doutorado em História Social); Bruno Leal Pastor de Carvalho e Taís Campelo Lucas (Orgs.), *Expressões do nazismo no Brasil: Partido, ideias, práticas e reflexos* (Salvador: Saga, 2018).

62. Hannah Arendt, *Origens do totalitarismo*, op. cit., p. 21. Para totalitarismo hoje, ver Newton Bignotto, "O totalitarismo hoje?", em Odílio Alves Aguiar et al. (Orgs.), *Origens do totalitarismo: 50 anos depois* (Rio de Janeiro: Relume-Dumará, 2001); Jerome Kohn, "O mal e a pluralidade: O caminho de Hannah Arendt em direção à vida do espírito", em Odílio Alves Aguiar et al. (Orgs.), *Origens do totalitarismo: 50 anos depois*, op. cit.

63. Hannah Arendt, *Responsabilidade e juízo*. Lisboa: Dom Quixote, 2007, pp. 31-2.

3. Bolsonaro e o bolsonarismo entre o populismo e o fascismo

Newton Bignotto

Erico Verissimo, num livro publicado em 1965, expõe com rara felicidade os ciclos de transformação e destruição dos regimes políticos latino-americanos contemporâneos. Ambientado em Washington e num país fictício do Caribe, Sacramento, o romance tem como personagem central o embaixador caribenho na capital americana.[1] Oriundo das classes populares, Don Gabriel Heliodoro Alvarado ajudou na juventude a derrubar um governo ditatorial, para em seguida se comprometer com os malfeitos e crimes de outra ditadura, cujo caráter corrupto e violento não escapa a ninguém. No entanto, muitos personagens do livro parecem acreditar que é possível conviver com essas mazelas, pois uma deposição apenas levaria outros governantes inescrupulosos ao poder. Um dos personagens mais interessantes da trama é Pablo Ortega. Filho da burguesia sacramentenha, na juventude se envolveu com a oposição ao regime — que agora serve —, ajudando seu velho professor Leonardo Gris a se refugiar na embaixada mexicana depois do golpe de Estado que depusera o presidente eleito, cujas políticas sociais reformistas inquietavam a oligarquia e seus aliados. Pablo é prisioneiro de um drama de consciência, que o aprisiona entre valores democráticos, aprendidos na Universidade de Sacramento, e a lealdade ao núcleo familiar. O grupo social ao qual pertence se beneficia da aliança entre a Igreja, as classes privilegiadas e os donos do poder político. O resultado dessa união é a perpetuação de uma situação de profunda desigualdade, que fratura a sociedade do país há décadas. Incapaz de suportar o dilema moral que o dilacera, o jovem intelectual acaba por se envolver em uma revolução que, à imagem do que acontecera alguns anos antes em Cuba, toma o poder propondo-se a acabar de vez com a miséria do país e instituir a igualdade entre os cidadãos. Nesse redemoinho — sugere um dos personagens, o jornalista William Godkin —, a democracia tem grandes dificuldades para se implantar e perdurar como regime estável.

Certamente não podemos comparar o Brasil atual à pequena república imaginária de Sacramento. O livro se passa num momento em que a Guerra Fria colocava a "ameaça comunista" no centro do jogo político internacional. Com ou sem razão, os Estados Unidos temiam que a conversão de mais um país, além de Cuba, ao comunismo nas Américas poderia gerar uma avalanche de adesões ao bloco soviético. Nesse sentido, a situação de hoje é bem diferente daquela de sessenta anos atrás. O comunismo é um fantasma retórico, usado por demagogos de várias tendências políticas como arma na luta ideológica, sem nenhuma correspondência com o quadro geopolítico global. Alguns dos traços descritos por Verissimo soam, no entanto, bastante atuais.

O discurso anticomunista, por exemplo, não apenas faz parte das ideologias de extrema direita, mas também galvaniza o imaginário de parcelas das classes médias temerosas de perder sua posição relativamente confortável na sociedade. Nesse território de medos e esperanças, o combate às desigualdades de todos os tipos emerge como uma ameaça para elites econômicas e políticas, como era para os partidários dos ditadores caribenhos. O suposto apego aos valores cristãos tradicionais esconde a defesa de privilégios, que ajudam a radicalizar a disputa pelo poder entre grupos políticos opostos. Em que pesem, entretanto, as semelhanças e o fato de reconhecermos na obra de Verissimo características de nossa própria história, o espantoso é a novidade da experiência política brasileira recente.

Uma das chaves para compreendê-la está na fala do presidente Jair Bolsonaro citada na Introdução deste livro. Diferentemente dos golpistas e ditadores do romance do escritor gaúcho, ele não prometeu atacar nenhuma das mazelas do país, nem afirmou que iria lutar para diminuir as fraturas sociais. No lugar de um programa social, preferiu atacar grupos minoritários e frágeis como as comunidades indígenas. Recorrendo a lugares-comuns da linguagem política da extrema direita contemporânea, assumiu publicamente sua falta de compromisso com o país e com o destino de seus cidadãos.

Decorridos mais de três anos da posse de Bolsonaro, em janeiro de 2019, sua fala nos Estados Unidos no começo do mandato, quando afirmou que se dedicaria a destruir o que pudesse, se revelou profética. A uma crise sem precedentes no meio ambiente veio se somar a diminuição das verbas destinadas à educação, pondo em risco o funcionamento do sistema educacional como um todo e as pesquisas em todas as áreas.[2] No plano da gestão da saúde, o caráter destrutivo se desvelou na maneira como a crise sanitária foi gerida. Não se tratou apenas de má gestão administrativa, mas de sabotagem contínua das boas práticas recomendadas pela Organização Mundial da Saúde (OMS). Isso conduziu, como observa Miguel Lago no capítulo 1, a uma catástrofe de grandes proporções. O exemplo mais gritante foi o aumento do número de mortos por covid-19 na cidade de Manaus no começo de 2021, inclusive por falta de oxigênio hospitalar.[3] Em relação ao meio ambiente, também se constatou uma aceleração na destruição sem precedentes de biomas essenciais do país. A máquina administrativa está sendo aniquilada. O governo está procedendo a um desmonte agudo dos ministérios, privando-os das verbas mínimas para seu funcionamento e desorganizando o funcionamento da burocracia estatal. Isso levou à paralisia de amplos setores da administração pública. No plano da cultura, o governo desativou mais de trezentos pontos de cultura e extinguiu o ministério dedicado à questão, demonstrando não ter nenhum interesse na área. Essas ações de destruição podem ser constatadas em quase todas as esferas governativas.

Uma enumeração exaustiva dos desmandos cometidos pela administração federal seria longa. Nesse sentido, uma interpretação global dos acontecimentos seria muito difícil. Como mostram, no entanto, os capítulos deste livro, é possível descobrir aspectos dominantes nas práticas políticas levadas a cabo pelos governantes brasileiros atuais para aprofundar a análise de sua natureza. Como já foi dito de formas diferentes nos textos anteriores, *o traço mais saliente das ações do governo Bolsonaro é seu caráter destrutivo.*

Para uma abordagem desse afã de destruição, várias matrizes teóricas podem ser úteis. Neste capítulo, duas serão mobilizadas. A primeira é a dos estudos sobre o fascismo e seus desdobramentos no curso do século xx. A segunda é a das investigações sobre o populismo. O recurso às duas matrizes teóricas talvez não seja suficiente para elucidar todos os aspectos das práticas destrutivas em curso no Brasil, mas certamente alarga o campo de análises, que com frequência permanecem prisioneiras do calor dos acontecimentos.

Para não correr o risco de perder o foco analítico, dois fatos merecerão atenção especial neste capítulo. O primeiro é o apelo frequente, feito pelo presidente, por seus assessores mais diretos e alguns ministros, aos golpes de Estado. Desde o começo de seu mandato, ele disse que não aceitaria sair do cargo se derrotado em uma eleição, que considera fraudulenta a priori. Também se recusaria a abandonar o poder se viesse a sofrer um processo de impeachment. De forma errática, o presidente recorre a ameaças veladas, que nem sempre se concretizam ou apontam para planos bem elaborados a fim de levar a cabo suas intenções. Foi o que ocorreu no dia 7 de setembro de 2021, quando, depois de dias de tensão e ameaças, as reações de instituições como o Supremo Tribunal Federal (STF) e de parte significativa da imprensa levaram Bolsonaro a se desmentir com relação à possibilidade de quebra da institucionalidade. É claro que do uso continuado de uma retórica de agressão à ordem institucional não decorre que o presidente seria bem-sucedido em sua tentativa de se perpetuar no poder. O impacto que essas ameaças de golpe de Estado têm na vida política e as consequências no comportamento de muitos de seus atores são de grande importância para compreender a dinâmica do bolsonarismo.[4] O segundo fato que merece atenção são as políticas referentes ao combate à pandemia. Nesse campo, o aspecto destrutivo das ações governamentais é evidente. Não se trata de dizer que o governo Bolsonaro cometeu erros durante o combate à pandemia. Por meio de ações voluntárias e apregoadas na arena pública, ele contribuiu de maneira direta para o aumento do número de mortes evitáveis causadas pela covid-19.

SOBRE O FASCISMO

O aparecimento de regimes de extrema direita em vários países do mundo reacendeu na comunidade acadêmica, mas também num público mais amplo, o interesse pelo fascismo ou pelo que alguns passaram a chamar de neofascismo. No Brasil não foi diferente. Dentre os instrumentos teóricos que são evocados para entender a marcha da extrema direita estão diversas teorias sobre o fascismo do começo do século xx.[5] Esse é um recurso interessante, mas, para fazer um balanço das reminiscências das práticas fascistas na arena pública, deve-se aprofundar a análise de certos parâmetros já evocados para ajudar na investigação da natureza do fenômeno do bolsonarismo. Nesse sentido, vale a pena retomar a definição geral do fascismo dada por Serge Berstein e Pierre Milza. Para os dois estudiosos, as principais características de um regime fascista são:

> [...] culto do chefe carismático todo-poderoso e onisciente, preponderância do partido único, guardião da doutrina e fator de enquadramento das sociedades, nacionalismo exacerbado, vontade de criar um novo homem modelado pela ideologia que serve de base para o regime, primado do político, que leva progressivamente a submeter a ele a economia, a sociedade, a família, as crenças etc.[6]

Para continuar e explorar o caminho aberto pela definição acima, as análises do especialista italiano Emilio Gentile fornecem uma base sólida. Segundo ele, é necessário levar em conta três dimensões da implantação do fascismo na vida pública de um país, para entender o processo de substituição da democracia por um regime de partido único.[7] A primeira dimensão é a organizacional. Ela implica a existência de um movimento de massas, guiado por líderes altamente motivados, em geral oriundos da classe média. Militantes se reúnem ao redor de um partido miliciano e se consideram "investidos de uma missão de regeneração social", em guerra contra adversários políticos que devem ser eliminados da cena pública.[8] A segunda dimensão é a cultural. Trata-se, sobretudo, da dimensão ideológica, que está na origem dos discursos e das práticas de intimidação dos inimigos, que se recusam a compartilhar as ideias apoiadas pelos novos senhores do poder.[9] Em terceiro lugar está a dimensão institucional. Trata-se do lugar que ocupa em um regime fascista um "aparato policial, que previne, controla e reprime, inclusive recorrendo ao terror organizado, toda forma de dissensão e de oposição".[10] Nessa dimensão se encontra especialmente "um partido único, cuja função é garantir, através de sua milícia, a defesa armada do regime, entendido como o conjunto das novas instituições públicas criadas pelo movimento revolucionário".[11] Dois anos atrás, o bolsonarismo tinha sobretudo uma presença ideológica na sociedade brasileira. Passados três anos do governo Bolsonaro, não é mais possível falar apenas de um projeto ideológico levado a cabo pelos adeptos do bolsonarismo. As ideias iniciais dos ocupantes do poder foram transformadas em práticas com graves consequências para o país. O Brasil não vive hoje num regime fascista comparável aos que existiram no século XX. Não há um regime de partido único, uma vez que o atual presidente nem mesmo conseguiu formar, em seus primeiros anos de governo, um partido político capaz de manejar as alavancas centrais do poder. O caráter nacionalista do regime aparece apenas nos desconexos discursos presidenciais, mas não impacta suas ações de forma decisiva, ainda que os arremedos dessa posição, em especial no confronto com potências como a China, tenham produzido impactos negativos na vida do país. Também não podemos atribuir a Bolsonaro o desejo de criar um homem novo ou a capacidade de modelar a sociedade à luz de um projeto ideológico claro.

O recurso aos estudos sobre o fascismo continua, no entanto, a ser uma ferramenta válida para entender alguns aspectos do governo Bolsonaro e do bolsonarismo, com a condição de não ceder à tentação de identificar no presente todos os traços dominantes do fascismo do século XX. De modo a seguir usando o instrumental teórico de autores como Gentile, deve-se procurar ver em que medida ele nos ajuda a pensar a realidade atual, e cabe usar uma regra de prudência retirada do estudioso Robert Paxton, segundo a qual não podemos compreender corretamente o fascismo se não soubermos separá-lo dos regimes que lhe são aparentados. Essa regra se aplica mais do que nunca nesse momento em que vários regimes no mundo inteiro parecem esposar comportamentos dos regimes fascistas do passado sem constituir uma continuidade absoluta com o que aconteceu há cem anos.[12]

Como este livro está centrado no caráter destrutivo do bolsonarismo, vale a pena nos determos em alguns aspectos da gestão do atual presidente. Bolsonaro não foi capaz de constituir um partido forte que lhe desse sustentação institucional. Isso o obrigou a apelar para partidos chamados de fisiológicos, sempre dispostos a mercadejar seu apoio no Congresso. O que poderia parecer uma fraqueza do bolsonarismo não inquietou os apoiadores mais radicais do presidente. De forma semelhante ao que aconteceu com o fascismo italiano nos anos 1920, os bolsonaristas se apegam à ideia de que são um *movimento*, que não precisa mudar de caráter para continuar a conduzir sua ocupação do poder. Identificar-se com um movimento e não com uma organização política estável foi um dos traços do fascismo italiano entre 1919 e 1922, na fase da luta pela conquista do poder. Mesmo depois da ascensão de Benito Mussolini, muitos líderes fascistas continuaram a acreditar que era essencial manter o espírito do fascismo inaugural e não se deixar levar pela influência negativa das práticas políticas tradicionais.[13] Em 1919, no dia 23 de março, a convite de Mussolini, cerca de trezentas pessoas se reuniram num imóvel da praça de San Sepolcro, em Milão, para lançar as bases do movimento nacional fascista. No programa que foi elaborado então constavam elementos de caráter social, como o apoio à jornada de oito horas e à instituição do voto universal. Ao lado, no entanto, de propostas avançadas para a época, havia também a recusa aos partidos políticos e a ideia de que o espírito revolucionário surgido entre os soldados italianos que haviam participado da Primeira Guerra Mundial (1914-8) deveria ser conservado. Talvez tenha sido esse último elemento o que sobreviveu até hoje, influenciando movimentos políticos que supostamente se insurgem contra a política tradicional.[14] Em muitos países, as instituições tradicionais ligadas aos regimes democráticos sofreram um forte abalo nos últimos anos. A ideia de que partidos políticos e outros canais de participação na arena pública estão falidos e não são mais capazes de captar as vozes dos diversos grupos que compõem o cenário político fez surgir movimentos de vários tipos, que colocam a política em questão. Essa crítica pode ter em algumas situações um caráter saudável, uma vez que é próprio da democracia fazer a crítica de si mesma. No entanto, na esteira desse questionamento, que não se propõe a ir contra os valores democráticos, surgem correntes que visam jogar por terra todos os fundamentos dos regimes políticos livres. Partindo da ideia de que um suposto "sistema" está todo corrompido, movimentos que lembram o fascismo italiano em suas origens pretendem negar radicalmente a política, substituindo-a por um conjunto de práticas cuja principal característica é nunca se estabilizar em formas rigorosas de direito. Mantendo acesa a chama da crítica aos desmandos das organizações tradicionais, grupos e facções políticas lutam pela posse de um poder ilimitado, que lhes permitiria destruir a herança democrático-republicana que repudiam para pôr em seu lugar algo pouco definido, mas que promete revolucionar o mundo.

Algo semelhante ocorre com Bolsonaro e com o bolsonarismo. Pode-se dizer dele o que dois estudiosos do fascismo afirmaram: "O fascismo não obteve uma vitória sobre adversários ameaçadores. Ele se instalou no comando da Itália por conta do vazio político que reinava no país".[15] O atual presidente chegou ao poder por meio de uma eleição ocorrida quando o país vivia um período de grande desgaste da classe política. Ter sido eleito, a priori, obriga Bolsonaro a respeitar a ordem institucional. Mussolini também se mostrou disposto a respeitar as leis italianas e instituições como a monarquia nos primeiros tempos de poder. Aos poucos, no entanto, foi se apoderando das alavancas do poder central, substituindo a ordem constitucional pela ordem fascista, impondo uma nova ordem constitucional com as feições do Partido Nacional Fascista, que criara poucos anos antes, em 1921. Bolsonaro nunca hesitou em pôr em xeque o sistema institucional e suas alavancas. O tempo todo recorre a ameaças de uso da força contra os que contestam seu mando, e também contra os outros poderes, que se insurgem contra seus atos. No dia 5 de maio de 2021, por exemplo, ele ameaçou o STF, afirmando que editaria um decreto proibindo a decretação de restrições sanitárias e que usaria a força se necessário para fazer cumprir suas ordens.

Não se pode, no entanto, levar essa analogia longe demais. Como mostra Pierre Rosanvallon, o comportamento dos movimentos de caráter populista, tal como ele os descreve, e dos regimes que surgem quando líderes populistas chegam ao poder é parecido com o dos líderes de movimentos fascistas em ascensão. Isso não significa que as formas políticas se equivalem, mas sim que guardam proximidades, as quais levam a pensar que fenômenos como os que estamos vendo surgir na arena internacional podem ser mais bem compreendidos se não nos limitarmos a apenas um paradigma teórico.[16] Isso se deve ao fato de que não podemos identificar os acontecimentos atuais totalmente ao que ocorreu no passado. Por vezes, um líder como Donald Trump mostra traços que o associam ao populismo da primeira metade do século XX. É o que ocorre, por exemplo, quando pretende falar diretamente aos eleitores sem a mediação das instituições de representação política. Outras vezes, como na maneira pela qual seu governo tratou os imigrantes nas fronteiras do país, separando os pais de seus filhos, lembra muito a conduta dos regimes fascistas em sua recusa a aceitar as diferenças entre povos e grupos sociais. Aceitando, portanto, que governos como os de Trump e de outros líderes atuais possuem traços de regimes do passado, mas também uma carga de originalidade, é mais prudente não nos limitarmos a apenas uma referência conceitual, sob pena de deixar escapar certos aspectos definidores dos novos governantes. No caso do bolsonarismo, o que chama a atenção é o fato de que ele demonstra ter raízes sociais mais profundas do que se acreditava antes de sua ascensão ao poder.[17] Há, é claro, uma franja radicalizada, que defende na arena pública teses extremadas como a do retorno da ditadura e a do extermínio de todos "os inimigos comunistas". Em 1º de maio de 2021, data tradicional dos movimentos de esquerda, as ruas de várias grandes cidades brasileiras foram tomadas por manifestantes que gritavam slogans associados a ideologias de extrema direita. Ao lado dessa face visível do que podemos chamar de "movimento bolsonarista", existem franjas importantes de profissionais de classe média que continuam a apoiar decididamente o presidente.[18] Se sua popularidade já estava declinando naquele momento, nada indicava que tivesse atingido um patamar de queda irreversível. Ao contrário, sua aprovação permaneceu estável na faixa dos 25% dos eleitores, o que, como visto no primeiro capítulo, é enorme em face da tragédia sanitária que se abateu sobre o país.

Um segundo aspecto essencial do bolsonarismo, que guarda relação com a ausência de um partido bolsonarista forte na cena política, é o recurso às Forças Armadas como instrumentos de sustentação política. O Exército forneceu um número elevado de quadros para a administração pública. Na maioria dos casos, para áreas de atuação totalmente diversas daquelas da competência dos militares. No que se refere à batalha pelo monopólio da força, um projeto de lei que tramitou no Congresso pretendeu passar para o presidente o direito de nomeação dos comandantes das polícias militares estaduais. O projeto de lei desvela uma das facetas da tentativa de conversão do poder de Bolsonaro em uma ditadura cujo modelo aparente são os 21 anos de ditadura militar, entre 1964 e 1985. Observe-se, no entanto, que o atual presidente não se identifica com todos os aspectos dos governos militares, como bem mostra Heloisa Murgel Starling. Pouco lhe interessam os planos de desenvolvimento e as ideias nacionalistas de amplos setores das Forças Armadas daquele período. Seu modelo são os grupos mais radicais do Exército, da Marinha e da Aeronáutica, que por diversas vezes tentaram aumentar sua fatia de poder instituindo uma forma de mando baseada no terror. Seu espelho são os que agiam e agitavam nos porões da ditadura. Como mostrado no segundo capítulo, esse "projeto" deve ser levado a sério, pois, ao lado do "movimento bolsonarista", existem importantes setores do empresariado e da população em geral que não abandonaram o presidente, mesmo diante dos seus comportamentos irracionais na condução do mandato. Nada indica que o largariam caso ele conseguisse seguir adiante em seus planos antidemocráticos e antirrepublicanos.

À luz dessas observações, pode-se concluir que Bolsonaro pretende substituir o partido único pelas Forças Armadas, e ocupar a máquina estatal com pessoas que terão de obedecer a ele em qualquer situação, uma vez que fazem parte de "meu exército", como costuma dizer.[19] Essa maneira de agir aproxima o presidente de formas tradicionais de ditadura militar, que povoam a história latino-americana, mas também pode ser parcialmente compreendida como um movimento em direção ao Estado total sonhado por Mussolini. Buscando o apoio de franjas importantes da população, que não o abandonaram, Bolsonaro procura se firmar com a adesão incondicional de grupos variados a seu projeto de poder. Nesse aspecto, ele se parece tanto com líderes fascistas do passado quanto com governantes populistas como Trump, que conservou até o final de seu mandato o apoio de um grupo fervoroso de adeptos.

* * *

Outro aspecto importante do bolsonarismo, relacionado ao papel da ideologia nos regimes fascistas, é a montagem de um aparelho de propaganda e combate ideológico que está entre seus instrumentos de poder mais eficazes. Os dirigentes fascistas italianos falavam de seu movimento como de uma ideologia.[20] Isso ocorre hoje no Brasil em amplos setores bolsonaristas, que se sentem ligados por uma visão de mundo comum. Observadas mais de perto, as crenças compartilhadas pelos apoiadores do presidente têm um caráter destrutivo bem mais visível do que um caráter estruturador. Como resume Paxton, "só o fascismo levou o desprezo pela razão e pelo intelecto a ponto de nem mesmo julgar necessário justificar suas seguidas mudanças de posição".[21] Essa característica da visão ideológica da realidade pregada pelo bolsonarismo ficou muito evidente durante a pandemia. Negar a ciência e desrespeitar regras de proteção social se tornou um leitmotiv poderoso dos adeptos do presidente, que não se assustaram nem mesmo diante da evidência da morte de centenas de milhares de pessoas. O fato de que muitas mortes poderiam ter sido evitadas com uma abordagem racional da pandemia não abalou a crença dos que transformaram a transgressão das regras sanitárias em defesa do poder de Bolsonaro.

Nesse contexto, vale recordar Gaetano Salvemini (1873-1957), importante intelectual italiano que se exilou durante o domínio fascista, primeiro na Inglaterra e depois nos Estados Unidos. Ele se interrogava sobre as razões que haviam conduzido os italianos a abandonar a democracia nascente do país para embarcar numa aventura radical, que só podia significar a perda da liberdade e das conquistas políticas das primeiras décadas do século passado. A mesma pergunta pode ser feita hoje à população brasileira, ou pelo menos a amplos setores dela que apoiaram Bolsonaro. Mesmo sem pretender oferecer uma resposta completa a essa pergunta, é fundamental continuar a prestar atenção ao elemento ideológico, que desde o começo marcou a ação de Bolsonaro e do bolsonarismo na arena pública.

Como lembra Helton Adverse, o mundo produzido pela ideologia, entendida no sentido de Hannah Arendt, ou seja, como lógica de uma ideia que se oferece ao público como uma verdade irrefutável sobre o funcionamento do mundo, é uma produção fantasmática do que Claude Lefort chamou de "povo-uno".[22] Nessa operação de construção de uma nova visão de mundo, os atores fascistas e totalitários lidam apenas com ficções. Assim, em vez de reconhecer que um país é povoado por um conjunto variado de pessoas, do qual resulta sua riqueza humana e cultural, preferem construir uma imagem do povo como entidade única e avessa à pluralidade. Se olharmos para as afirmações dos atores políticos próximos a Bolsonaro, veremos que pretendem erigir uma visão de mundo que pode ser sintetizada pelo que diz Adverse a respeito das sociedades totalitárias: "Trata-se do mundo da mentira organizada, visto que a ideologia é simultaneamente a transformação da mentira em visão do mundo e a negação da realidade naquilo que ela tem de peculiar, a saber, sua recalcitrância às explicações totalizantes".[23]

Essa realidade percebida pelas lentes deformadas da ideologia e do uso continuado da mentira na arena pública impactou de forma direta a condução do governo Bolsonaro, em particular no combate à pandemia de covid-19. Logo nos primeiros dias de funcionamento da Comissão Parlamentar de Inquérito instalada em maio de 2021 para investigar os atos do governo, a qual revelou ao país uma série de desmandos, tivemos um exemplo impressionante do que foi dito. Em pleno Parlamento, senadores da base política de Bolsonaro não hesitaram em defender o uso da cloroquina para o tratamento da doença. Já há consenso na comunidade médica internacional de que esse fármaco é não só ineficaz como também perigoso para os pacientes. Mesmo essa constatação não deteve os senadores em sua apresentação de uma defesa vigorosa da visão de mundo do presidente, que continuou a negar a gravidade da crise e a afirmar que existem medicamentos que deveriam ser usados para conter o vírus no lugar das medidas preconizadas pela OMS. Esse comportamento custou a vida a milhares de pessoas. Não é raro que movimentos políticos se ancorem em ideologias mais ou menos radicais para chegar e depois se manter no poder. O que merece ser investigado é um governo que lança mão de um conjunto de ideias cuja aplicação na realidade tem um caráter mortífero para a população do próprio país. É claro que podemos pensar algo nesse sentido nas ações dos regimes totalitários do século XX. As ações do governo soviético no começo da década de 1930, quando resolveu socializar todas as terras, levando milhões de pessoas à morte pela fome, em particular no atual território da Ucrânia, são um precedente que deve ser levado em conta.[24] Mas é preciso não perder de vista as particularidades do contexto brasileiro, para não cair na armadilha da identificação entre fenômenos políticos diferentes, como alerta Paxton em sua regra prudencial.

Nenhum desses traços permite afirmar que o Brasil caminha necessariamente para a implantação de um regime autoritário de natureza fascista. A presença deles na cena pública, entretanto, faz soar o alerta para as dificuldades enfrentadas hoje pelas forças políticas democráticas, que são objeto de ataques cotidianos. Se não resta dúvida quanto ao caráter destrutivo do regime, ainda não é possível saber qual será o destino final da experiência bolsonarista. Não se deve, no entanto, descartar nenhuma possibilidade para pensar o futuro da democracia brasileira.

Chegando a esse ponto, devemos considerar a possibilidade de ruptura definitiva da ordem democrática no Brasil. Para pensar esse cenário, alguns estudos sobre o populismo são importantes na análise da trajetória de governantes como Bolsonaro, Trump, Recep Erdoğan e outros. É óbvio que o Brasil tem suas particularidades, mas ao mesmo tempo segue uma linha de conduta perceptível em vários outros países governados por forças antidemocráticas. A crise real dos mecanismos de representação típicos das democracias liberais e a incapacidade de governos eleitos pelo voto popular de dar conta da nova realidade surgida com a globalização abrem as portas para experiências políticas que se apresentam como inovadoras e capazes de enfrentar os desafios de um mundo cada vez mais hostil aos cidadãos comuns, que se sentem abandonados à própria sorte. Diante desse quadro, como sugerido, justifica-se o recurso a matrizes diferentes de pensamento para esclarecer o que o bolsonarisno deve ao passado e no que ele inova.

O recurso às teorias sobre o fascismo visou aclarar aspectos da forma de poder que Bolsonaro e o movimento bolsonarista pretendem implantar no Brasil, em particular quando se analisam as tentativas de destruição do regime democrático. Estudos mostram que, para compreender o fascismo, é preciso levar em conta a dinâmica das forças que o compõem, mas sobretudo prestar atenção ao fato de que há etapas que são cumpridas e que nunca existiu um regime fascista que tenha surgido já pronto, com características inteiramente definidas. O fascismo existe como um processo no tempo e não como uma essência. A conclusão inicial deste capítulo não é que o governo Bolsonaro seja um regime idêntico ao que se implantou na Itália nas primeiras décadas do século passado. Tentamos aprender com uma visão alargada no tempo e não com a análise de apenas um dos momentos do processo de surgimento do poder autoritário. Nesse sentido, o bolsonarismo é um fenômeno que não se resume a Bolsonaro e a seus atos mais recentes. Ele se associa a um lento processo de corrosão das leis e das instituições. Um exemplo disso é a degradação contínua do espírito da Constituição de 1988 por meio da aprovação de emendas que aos poucos vão minando o caráter social e progressista da Carta aprovada pelos constituintes. Basta ver que a emenda que mudou completamente a previdência social, promulgada no final de 2019, é a de número 103. Nenhuma carta constitucional resiste a uma avalanche de transformações promovidas sem rigor algum por um Congresso pouco interessado em preservar a herança legal oriunda do rico processo de redemocratização do país no final da década de 1980.

O BOLSONARISMO COMO NOVA FORMA DE POPULISMO

Um dos enigmas que cientistas políticos e filósofos procuram desvendar é o fato de que um regime que adquiriu um rosto tão destrutivo, qualificado por alguns de *necropolítico*, possa conservar uma ampla base de apoio, como mostram várias pesquisas de opinião realizadas em 2021.[25] Miguel Lago chamou esse fenômeno de "resiliência do poder". Ele descreve o que acontece com governantes como o presidente brasileiro. Nesse quadro, lançar mão da tópica do *populismo* pode ser um caminho fecundo, mesmo sabendo que se trata de um universo teórico amplo e complexo, e que será preciso recorrer a simplificações para utilizar algumas de suas ferramentas teóricas.

Vamos nos deter na chamada "política populista contemporânea" para tentar compreender como ela influenciou o comportamento de dirigentes políticos associados ao populismo de direita como Trump e Bolsonaro. Um dos aspectos a ser esclarecido é como esses governos agiram para limitar a percepção negativa da população com relação aos efeitos da pandemia e seu caráter de-

136

vastador. A inatividade dos governantes em face da tragédia sanitária, ou mesmo a adoção de medidas contrárias ao combate efetivo dos males decorrentes do alastramento da doença, vai de par com o emprego de uma retórica fluida e vazia que, mais do que difundir uma visão de mundo, como fazem ideologias totalitárias, se contenta com a defesa de valores viris, que nada têm a ver com a realidade vivida pela imensa maioria da população. Numa primeira abordagem, poderíamos pensar que as ações desses governantes vão na contramão do populismo, tal como o compreendemos na linguagem comum, que aponta para a sedução das classes populares contra o império das elites. Podemos, é claro, interpretar as ações de Bolsonaro como um erro político, mas nesse caso não precisaríamos recorrer ao termo "populismo". Fazer referência a elementos constitutivos da tradição populista ajuda a entender, ainda que parcialmente, o que se passa em países como o Brasil.

Regimes e governantes populistas costumam insistir no fato de que o corpo político deve ser analisado por meio da distinção entre "eles e nós".[26] Pouco importa que essa separação seja fantasiosa. O importante é que ela seja capaz de servir de mola para a ação dos aderentes aos movimentos radicais. Regimes totalitários também costumam se instituir por meio da luta contra o elemento externo, capaz de supostamente ameaçar a vida do corpo político. Essa figura do que se convencionou chamar de "bode expiatório" foi essencial na dinâmica política dos regimes fascistas do século XX e faz parte do repertório dos atuais governantes populistas. No caso do Brasil, há uma constante referência ao "perigo comunista", que ao que parece ronda o país. Essa afirmação não tem fundamento na realidade, mas não deixa de ser eficaz. É comum nas manifestações da extrema direita ouvir gritos como "A nossa bandeira jamais será vermelha". Há nessas afirmações, é claro, uma referência direta ao Partido dos Trabalhadores (PT), o que ajudou a ganhar a adesão de setores das classes médias que fizeram

137

oposição aos governos petistas. Mas o que chama a atenção é o fato de que muitos manifestantes falam abertamente na eliminação de pessoas identificadas com o suposto "comunismo". O recurso à tópica dos "nós contra eles" remete, assim, tanto aos regimes fascistas quanto ao populismo clássico, ainda que não da mesma maneira, pois para o fascismo é mais fácil apontar um inimigo externo que deve ser eliminado. Ambas as abordagens teóricas, no entanto, esclarecem aspectos do bolsonarismo.

Segundo o estudo feito por Pierre Rosanvallon, a teoria populista da democracia se apoia sobre três elementos: a preferência dada à democracia direta, donde a importância dos referendos populares; uma visão polarizada da soberania popular, que leva à rejeição dos corpos intermediários e ao ataque às instituições, como a magistratura, que não são oriundas do voto; e a ideia de que é possível apreender o sentido de manifestações espontâneas da chamada vontade geral.[27] Nesse ponto, a identificação do regime bolsonarista com o populismo clássico é bastante evidente. Bolsonaro busca o tempo todo negar a importância dos corpos intermediários das democracias, preferindo um contato direto com o povo. Para isso, procura expressar os sentimentos do que Rosanvallon chamou de "homem-povo", recusando a validade de todos os mecanismos tradicionais de representação. É preciso lembrar que o presidente foi durante quase três décadas deputado federal, mas esse passado parece não ter significado algum para ele. Tendo chegado à Presidência, os mecanismos institucionais perderam a importância a seus olhos.[28] Bolsonaro recorre a um contato direto com manifestantes que o apoiam, mesmo quando critica outros poderes e ameaça recorrer à violência para levar a cabo suas ideias.

Por fim, resta o fato de que as emoções são mobilizadas o tempo todo pelos movimentos populistas, para buscar a adesão de novos membros. Enquanto isso, os dirigentes se apresentam como capazes de deslindar o sentido de uma série de ações e complôs, que são ocultados pelas elites tradicionais aos olhos do povo. Como sintetiza Rosanvallon:

> Essas teorias do complô pretendem demonstrar que, por trás da opacidade e da complexidade aparente do mundo político ou econômico real, se esconde uma ordem de poder perfeitamente simples e racional. Elas conferem sentido a eventos dos quais os indivíduos sentem que são meros joguetes, reduzidos ao estado de peões manipulados, ou espectadores manipulados. Elas reorganizam o caos do mundo e propõem uma forma de retomada do funcionamento das coisas denunciando seus mestres.[29]

No caso brasileiro, esse aspecto do populismo alcançou até as mais altas esferas do governo. O ex-ministro das Relações Exteriores Ernesto Araújo é adepto do complotismo em um nível tão radical que suas ideias conduziram ao esfriamento das relações do Brasil com países tradicionalmente próximos no plano das políticas internacionais. Não se trata, no entanto, de um fenômeno restrito a uns poucos indivíduos. Desde os filhos do presidente, participantes do chamado "gabinete do ódio", grupo informal próximo a ele e que o aconselha em questões importantes, passando por adeptos das ideias do ideólogo Olavo de Carvalho, muitos dos que gravitam em torno de Bolsonaro se servem dessas pseudoteorias para orientar ações concretas do governo. Os repetidos ataques à China, o maior parceiro comercial do Brasil e país essencial para o fornecimento de vacinas para o programa nacional de imunizações, demonstra que o recurso às teorias da conspiração é um fator definidor do bolsonarismo. A China é vista ao mesmo tempo como parceiro comercial e como perigo comunista, responsável por supostas maquinações contra os países ocidentais. A ideologia bolsonarista é destituída de conteúdos claros. O governo não tem o que se pode chamar de uma agenda construtiva para o país.

Nesse cenário, o complotismo fornece o simulacro de uma racionalidade capaz de dar conta da complexidade da cena política atual. Pouco importa que se trate de um fenômeno internacional. No Brasil, ele dita as regras de comportamento dos aderentes ao movimento bolsonarista e influencia diretamente políticas concretas de governo.

Outro ponto interessante do debate sobre a natureza dos regimes populistas atuais é o lugar que tem neles a noção de povo. Segundo Rosanvallon: "Os movimentos populistas têm em comum o fato de erigir o povo em figura central da democracia. Uma tautologia, dirão alguns, uma vez que o *demos* é por definição o soberano desse tipo de regime que se qualifica em referência a ele".[30] De fato, podemos pensar que se trata de uma tautologia, mas uma tautologia com forte significação, uma vez que, nesse caso, ela pretende indicar um povo concreto e não um povo-cidadão, sujeito de direitos, inclusive de direitos universais. Esse povo concreto e material é posto em oposição a outro, imaginário, contra o qual é preciso lutar.

Nesse contexto, o uso do plebiscito, ou de algo que se assemelhe a ele, é erigido em processo político por excelência. Tudo se passa como se o apelo à totalidade do povo fosse o único método realmente democrático de fazer valer sua soberania. Desse ponto de apoio, nascem muitos dos comportamentos que estruturam o populismo brasileiro atual. Atacando a imprensa, os partidos políticos tradicionais, o aparelho judicial, os líderes populistas se dirigem ao que chamam de uma nova política.

De onde decorre a preferência dada por essa outra razão a um tipo diferente de organização política: aquela do movimento. Além de sua pretensão original de trazer sangue novo para a vida política, os movimentos populistas se distinguem também estruturalmente dos partidos.[31]

Nesse sentido, eles se parecem muito com os movimentos fascistas em seu momento de constituição. Apelando para a luta contra a "velha política", reabilitando torturadores, negando a história da ditadura e seu caráter violento, o bolsonarismo apela para um povo que só tem direito à existência quando o apoia e adota suas ideias.

Se pensarmos, no entanto, em certos traços do que autores conservadores como Roger Eatwell e Matthew Goodwin[32] chamam de nacional-populismo, veremos que o governo Bolsonaro se encaixa apenas parcialmente no conceito. Com efeito, os dois pesquisadores mostram que o nascimento dos movimentos nacional-populistas é anterior ao caos financeiro provocado pela crise de 2008, mas que em geral os apoiadores de pessoas como o dirigente húngaro Viktor Orbán não são necessariamente antidemocráticos e muito menos fascistas no sentido clássico. Margaret Canovan vai numa direção semelhante, dizendo que o populismo é uma alternativa à política liberal tradicional e que, por isso, é uma força importante nas sociedades ocidentais contemporâneas.[33] Com isso se afirma que o populismo é não só uma resposta à crise da democracia, mas também uma resposta adequada aos desafios postos pelas transformações pelas quais passam várias nações ocidentais. Essa maneira de abordar o problema é ainda mais sedutora nos países latino-americanos mergulhados em crises sociais e políticas sem fim, que parecem poder ser solucionadas pelas políticas propostas pelos governantes populistas.

Essas afirmações podem ser contestadas. O caráter pretensamente democrático do populismo não está presente no Brasil atual. Para Bolsonaro, não há razão para contrariar as políticas liberais tradicionais, mas sim para romper com o que chama de velha política. Esse é um operador retórico que pouco diz da realidade política do país, mas serve de motor para práticas que visam abertamente instituir um regime autoritário. Apesar dessas diferenças, o bolsonarismo se encaixa em muitas das características normalmente associadas ao populismo, ainda que não em todas, nem da maneira como aparecem em países como a Hungria, por exemplo, na qual a proximidade do poder com modelos do fascismo tradicional é mais evidente. Aceito esse pressuposto, há comportamentos e estruturas de ação que individualizam o bolsonarismo frente a outras experiências e regimes populistas contemporâneos. Em particular, seu caráter destrutivo esclarece o sentido de certas práticas que estão em sintonia com a ideologia propagada pelos adeptos do presidente e coloca a violência destruidora no centro de suas ações, distanciando-o de outras experiências de governos autoritários, como o da Turquia de Erdogan.[34]

BREVE DEFINIÇÃO DE CESARISMO E O FANTASMA DOS GOLPES DE ESTADO

O século xix fornece um exemplo interessante de regime autoritário e populista que ajuda a compreender alguns de nossos problemas: o bonapartismo ou cesarismo, tal como foi chamado. Uma referência importante para o estudo da natureza do cesarismo presente na cena política desde o século xix, em associação com o populismo, é o golpe de 2 de dezembro de 1851 na França. Luís Napoleão Bonaparte foi eleito presidente em 1848, depois de uma revolução que varreu o regime monárquico-constitucional fundado em 1830. Seu governo foi marcado por uma surda oposição à classe política, da qual ele procurava se afastar. Seu mando se fundava nos laços que estabeleceu com governantes provinciais, os quais visitava em suas múltiplas andanças pelo interior do país. A Constituição da França proibia a reeleição, mas Luís Napoleão rapidamente deu mostras de que não pretendia deixar o poder. Esse desejo o levou a se aproximar de deputados e atores políticos que estavam dispostos a apoiá-lo em seu movimento de alteração das leis.[35] Em julho de 1851, o projeto que visava alterar a Constituição e permitir a reeleição foi derrotado na Assembleia. O presidente passou a conspirar às claras para se manter no poder. Curiosamente, muitos dos políticos franceses do período não prestaram a devida atenção aos seus movimentos, acreditando que ele não levaria a cabo suas pretensões. Pensavam que as instituições contavam com forte apoio popular e resistiriam a qualquer movimento visando destruí-las. Foi essa segurança que os cegou. Luís Napoleão era popular, mas estava longe de pertencer aos quadros políticos mais tradicionais, inclusive aos grupos que haviam revolucionado o país havia poucos anos. Ao contrário, antes de chegar ao poder por meio de eleições, quando venceu como azarão, ele tentara dar dois golpes de Estado, na primeira vez em 1836 e na segunda em 1840. Ambas as tentativas fracassaram, lhe rendendo alguns anos na prisão. Mas nada levava a crer que ele tivesse grande apreço pelas leis. E, no entanto, nem todos o levavam a sério, até que, no dia 2 de dezembro de 1851, ele lançou as tropas nas ruas e pôs fim à curta experiência republicana iniciada três anos antes.

Com o golpe se iniciou um novo período imperial, sob o mando de Luís Napoleão Bonaparte, futuro imperador Napoleão III. No plano político, o legado do golpe de 1851 foi o que se convencionou chamar de bonapartismo. Napoleão I já havia posto em prática de maneira intuitiva alguns dos elementos centrais do bonapartismo: a crença num governo guiado pela razão e a certeza de que todo poder se funda na soberania popular.[36] Já seu sobrinho, desde cedo, procurou sistematizar esses elementos fornecendo-lhes uma estrutura geral que os transformou em verdadeiros princípios políticos. Como resume Rosanvallon:

> Ele se preocupou em inscrever o bonapartismo numa teoria elaborada da democracia moderna, tornando mais clara a natureza do

modelo original ao compará-lo com a forma que podemos chamar de cesarismo. Enquanto o bonapartismo define uma fórmula política e administrativa, no sentido amplo do termo, o cesarismo define de maneira restrita uma concepção da democracia (que pode se inserir enquanto tal no quadro mais amplo do bonapartismo).[37]

O cesarismo se funda, sob a batuta de Napoleão III, na afirmação da importância do plebiscito. Operando um curto-circuito do poder legislativo por meio do apelo direto ao povo, o governante supostamente garante a supremacia da soberania popular, evitando assim os efeitos deletérios das ações incontroladas do legislativo.[38] Com isso, é a história da democracia que deve ser revista.[39]

Um segundo ponto importante é que os defensores da nova forma de autoritarismo não anulavam o papel da sociedade civil, concedendo-lhe até certa autonomia. O importante era garantir que o poder executivo não fosse obstruído pelos outros poderes. Nessa disputa entre as diversas esferas políticas, o governante se achava no direito de atacar todos que pareciam ameaçar seus domínios. Ao mesmo tempo, não se furtava a dialogar com grupos particulares que não tinham força suficiente para derrubá-lo.[40] Por fim, os adeptos de Napoleão III e de sua forma de governar acreditavam que havia uma fusão entre o imperador e o povo. O "cesarismo", palavra utilizada desde 1851, visava marcar a diferença entre o bonapartismo do Primeiro Império e o projeto de um novo poder instaurado com o golpe de Estado. Inspirando-se em ditaduras do mundo antigo, ao mesmo tempo que defendia a soberania popular, o novo regime afirmava ter fundado uma nova maneira de fazer política à distância da concepção liberal de democracia e das formas violentas de tirania.[41]

A menção ao cesarismo serve para esclarecer certos aspectos da condução do poder por Bolsonaro enquanto aponta para possíveis desdobramentos na cena pública brasileira. Como Napoleão III, Bolsonaro chegou ao poder por meio de uma eleição legítima. Apesar de sustentar que deveria ter ganhado no primeiro turno, afirmação totalmente desprovida de realidade, o fato é que venceu o pleito com mais de 57 milhões de votos. Isso confere inegável legitimidade ao seu mandato. O problema surge no momento em que ele *interpreta* o conteúdo do poder que lhe foi conferido. Para Bolsonaro e seus seguidores, ele é um homem providencial, destinado a mudar os destinos do país.

Essa crença se desdobra em três níveis. O primeiro é a certeza de que lhe cabe eliminar da vida nacional todos os que são percebidos como inimigos. Esse elemento o aproxima mais do fascismo do que do populismo e do cesarismo. Elegendo um "bode expiatório", os comunistas ou vermelhos, Bolsonaro repete a operação ideológica, típica dos regimes totalitários, de nomear um inimigo, que pode a qualquer momento tomar conta do país, para justificar o aumento da repressão a amplos setores da sociedade e para se servir de uma retórica bélica que naturaliza o uso da violência no cotidiano dos brasileiros. Apoiando sempre as forças de segurança quando elas exageram no uso dos meios de repressão, ele cria a sensação de que a nação está em guerra contra forças que a ameaçam do interior. É verdade que o Brasil vive um clima de grande violência, que nada tem a ver, no entanto, com uma ameaça à sua existência. A violência policial em muitos estados está fora de controle e recebe apoio de políticos e movimentos próximos do presidente. Se existe uma ameaça que pesa sobre a população brasileira e de forma muito aguda sobre suas parcelas mais desfavorecidas, ela vem do Estado e não de um inimigo imaginário, que não coincide com nenhuma força social ou política real. Nesse sentido, as referências à forma de implantação dos regimes fascistas interessam, pois permitem compreender os efeitos do uso sistemático de uma retórica de retaliação e destruição dos inimigos internos.

O segundo elemento a ser destacado é tipicamente populista, e diz respeito ao recurso à ideia de plebiscito. Hoje, as redes sociais são os canais que permitem ao governante supostamente estar em contato direto com o povo. O que nelas é dito e comentado serve como termômetro para guiar o governo em suas ações. Desconfiado do papel da mídia tradicional na oposição a seu governo, Bolsonaro se orienta pela consulta contínua a seus eleitores por meio de canais que driblam as instituições. Basta ver que ele fala todos os dias com seus apoiadores reunidos na porta do Palácio da Alvorada, residência oficial do presidente, e concede pouquíssimas entrevistas coletivas à imprensa. Por meio dessas conversas diretas com seus partidários, ele dirige a palavra à nação, faz menção ao comportamento de seus adversários e aponta para as diretrizes de seu governo. É nessas ocasiões que costuma fazer suas afirmações mais polêmicas e agressivas, protegido, acredita, pelo caráter plebiscitário de seu mandato.

O terceiro aspecto, que pode assemelhá-lo a Napoleão III, é o fato de apelar o tempo todo para a figura do golpe de Estado. Assim como o imperador francês, o presidente dá mostras de que não aceitará as regras do jogo se isso implicar a perda do poder. Como ele, Bolsonaro sonha com a afirmação de um poder de caráter autoritário, sustentado pelas Forças Armadas e policiais. Nesse cenário, o golpe parece ser um caminho quase inevitável para a realização de seus projetos. É claro que não podemos saber se seu golpe será bem-sucedido, ou se vai fracassar, como no caso de seu ídolo Trump. Essa é, no entanto, uma possibilidade real, inscrita na cena política nacional, que não pode ser descartada como uma simples fanfarronada do presidente. Por enquanto, a simples evocação contínua de golpes de Estado faz pairar no ar uma ameaça que contamina toda a vida política. O imperador francês também flertou com os golpes de Estado, antes de ser bem-sucedido em suas tentativas. Nesse sentido, as invectivas de

146

Bolsonaro devem ser levadas a sério. Em seu universo ideológico, a ruptura das instituições faz parte das possibilidades a serem consideradas para a manutenção do poder.

É nesse terreno que o caráter destrutivo do bolsonarismo se afirma. Ao contrário de Napoleão III, Bolsonaro não pretende instituir simplesmente um poder conservador, capaz de implantar uma série de políticas cujo sentido é reconhecido por partes importantes da população. Como nunca enunciou, mesmo em termos vagos, um projeto para o país, o que ele ressalta o tempo todo é a necessidade de destruição. Espelhando-se na forma de poder cesarista, ele busca instituir um poder destrutivo, um necropoder, dirão alguns,[42] que não busca afirmar nada além da predominância do mando dos que o apoiam.

Resumidamente, pode-se dizer que o que ele visa é uma forma cesarista que implante no país um governo baseado numa destruição progressiva das instituições democráticas, que coloque a violência no centro da vida política e das relações sociais. O elogio que Bolsonaro fez da morte de quase trinta pessoas no curso de uma operação policial no mês de maio de 2021 no Rio de Janeiro demonstra que a morte é o centro gravitacional de seu poder.

PANDEMIA E O ÍMPETO DESTRUTIVO DO BOLSONARISMO

A afirmação da centralidade que ocupa no bolsonarismo o desejo de destruição das instituições democráticas conduz o olhar para a pandemia. Um dos traços marcantes de um fenômeno como esse é que, pelo menos num primeiro momento, ele concerne ao conjunto dos cidadãos e não apenas a uma parte deles. É claro que o progresso da doença e do contágio faz ressurgir as diferenças socioeconômicas e apaga o sentimento de unidade e igualdade diante de um mal cuja origem se esconde nas dobras da natureza.

Mas, de início, não há lugar para a divisão da sociedade entre "nós e eles", inerente aos regimes populistas e fascistas.

Assim, à primeira vista, a ocorrência de uma pandemia como a que estamos vivendo é um evento que enfraquece o recurso típico do populismo de pensar o corpo político como dividido em grupos antagônicos. E, no entanto, não é isso que vimos no Brasil. Se governos como os de Bolsonaro têm se mostrado incapazes de lidar com as consequências da pandemia tanto do ponto de vista da saúde pública quanto no terreno econômico e político, nem por isso o presidente perdeu o ímpeto destruidor e deixou de lançar mão das ideias que o fizeram chegar ao poder.

Rapidamente o apelo ao povo passou a ser interpretado pela chave da soberania direta. Ou seja, apesar dos riscos da pandemia, para Bolsonaro a melhor maneira de lidar com ela não é recorrendo a saberes objetivos, mas sim escutando o povo diretamente, curto-circuitando as instituições ou domando-as e transformando-as em agentes de um poder que recusa a divergência e corrói os caminhos do conflito político. Diante da demanda de unidade, para combater os efeitos da doença Bolsonaro recuperou a tópica da divisão, fazendo do apelo direto às massas a resposta à demanda de uma sociedade em risco. Paradoxalmente, o presidente pretende ser um líder popular, que demonstra pouco ou nenhum interesse pela vida do "povo" que governa. Esse comportamento, ao mesmo tempo que lembra certos traços do populismo, apresenta um tal desprezo pela vida que não pode ser interpretado dentro dos cânones tradicionais de análises clássicas da política. Há nas ações destrutivas de Bolsonaro características que não podem ser corretamente abordadas pelas teorias mais influentes sobre o populismo e o fascismo.

O que desafia a compreensão do sentido da política mortífera do governo Bolsonaro é que ela se dirige de forma indiferente ao conjunto da população. Destruir amplas parcelas do povo con-

148

sideradas inimigas do Estado foi parte importante das políticas stalinistas nos anos 1930. Esses eventos horríveis, que foram escondidos de amplos setores da sociedade soviética da época, se baseavam na ideia da divisão da sociedade entre amigos e inimigos. No caso do stalinismo, estudos mostram que essas categorias eram totalmente arbitrárias, mas a lógica que presidia a barbárie era bastante simples. Os inimigos eram em grande parte fantasmáticos, mas precisavam ser identificados com algum grupo social para que as operações de repressão pudessem ser levadas a cabo.[43] No caso de Bolsonaro, sua condução da crise sanitária está produzindo a morte de milhares de pessoas. Todas as pesquisas sobre a evolução da pandemia no Brasil demonstram que os resultados catastróficos das políticas públicas são fruto direto das ações governamentais e, portanto, não podem ser atribuídos apenas a causas naturais. O grande desafio é saber como uma política com essas feições pode se implantar e durar no tempo.

Para abordar esse tema, dividimos o campo de análise em dois. Num primeiro momento, abordaremos a questão da natureza da adesão de uma parcela da população ao governo Bolsonaro. Em segundo lugar, invertendo o olhar, investigaremos as raízes de um comportamento político que demonstra claro desprezo pela vida e não hesita em propagandear seu desejo de destruição. A análise do segundo aspecto do problema foi iniciada mostrando o desejo manifesto de Bolsonaro de destruir as instituições democráticas. Agora nos deteremos especificamente na dimensão mortífera do atual governo. O objeto de análise são as ações conduzidas na arena pública, que elevam necessária e indiscriminadamente o número de vítimas da pandemia. A esse fenômeno somam-se os ataques às populações indígenas, a indiferença à morte de habitantes das comunidades mais pobres pelas forças policiais, a destruição do meio ambiente e muitas outras mazelas. O problema é como pensar um governo que não teme se associar à morte dos cidadãos e à destruição de vários setores da vida em comum.

O objeto da primeira parte da análise proposta são os grupos sociais que aderiram ao projeto bolsonarista e se mantiveram fiéis a ele. Pesquisa publicada pelo jornal *Folha de S.Paulo* em 8 de dezembro de 2021 mostrou que, apesar de todas as catástrofes produzidas ao longo dos últimos três anos, Bolsonaro ainda contava com 24% de intenções de voto no primeiro turno para as eleições de 2022. Isso se deu mesmo depois da entrada do ex-juiz Sergio Moro na corrida eleitoral. Esse dado é importante pelo fato de que Moro compete com Bolsonaro pelos eleitores da mesma franja eleitoral identificada com valores de extrema direita.[44] Fica claro, portanto, que não se pode compreender o bolsonarismo focando a atenção apenas nos grupos de ativistas de extrema direita. O movimento se espraiou pela sociedade e se beneficiou com a adesão de grupos sociais e econômicos bastante diversificados.

Sigmund Freud, em seu clássico "Psicologia das massas e análise do eu", de 1921, refere-se ao comportamento das massas como um dos problemas centrais de nosso tempo. Ele ajuda a compreender como um líder carismático consegue se impor e conduzir importantes parcelas da população a aderir a projetos que escapam ao senso comum.[45] O bolsonarismo é um movimento de massas, que pode ser analisado a partir desse parâmetro. Dentre as massas artificiais, Freud destaca a Igreja católica e o Exército como os exemplos mais esclarecedores.

Para o pensador austríaco, o Exército é uma organização de massa com um líder.[46] Nela, o general representa o pai e permite que seus comandados se agreguem em torno de um núcleo fixo de mando. No imaginário militar, ideias como as de pátria e glória nacional são importantes, mas não essenciais para a existência e manutenção da organização. Enquanto massa artificial, o Exército necessita de "uma certa coerção externa" para se manter unido.[47]

150

Ao mesmo tempo, não pode se manter sem um líder em direção ao qual se voltam as forças libidinais. Na continuação de sua argumentação, Freud diz: "Quer-nos parecer que nos encontramos no caminho certo, que podemos esclarecer o fenômeno principal da psicologia das massas, a ausência de liberdade do indivíduo na massa".[48] Essa afirmação permite compreender o fato facilmente detectável em organizações de massa que é a incapacidade manifesta dos indivíduos que as compõem de se oporem ao líder e de discutirem suas posições. Se os membros se revoltam, ou perdem a conexão libidinal, o resultado é a dissolução da massa, que não pode existir sem a concentração das vontades no desejo do líder.

Mas Freud também explora outra possibilidade. Para ele, as massas com líder são "as mais primordiais e as mais completas".[49] Isso não quer dizer, no entanto, que sejam as únicas. Dentre as possibilidades por ele elencadas, uma interessa em particular. O pensador se pergunta

> se uma tendência comum, um desejo, do qual uma quantidade de pessoas possa fazer parte, não poderia fornecer o mesmo substituto. Essa abstração poderia, por sua vez, encarnar-se mais ou menos perfeitamente na pessoa de um líder, de alguma forma secundário, e da relação entre ideia e líder resultariam interessantes variedades.[50]

Essa hipótese tem um interesse especial, pois no bolsonarismo, pelo menos no início de sua constituição, é possível identificar certo distanciamento entre as ideias que já circulavam em estratos significativos da população e o ideário defendido por Bolsonaro em sua vida pública. Antes das eleições de 2018, o deputado radical era tido, mesmo por aderentes do ideário da extrema direita, como mais um dos habitantes da galáxia extremista, mas não seu líder natural. Só sua eleição o guindou de forma definitiva à posição de liderança e serviu de catalisadora para movimentos que já haviam se mostrado na cena pública pelo menos desde 2013. Seguindo o raciocínio de Freud, pode-se dizer que Bolsonaro no poder é a confluência de uma ideia com um líder que tornou visível e aplicável um conjunto de proposições, mais ou menos extremadas, que já faziam parte do universo político brasileiro mas não haviam encontrado o canal adequado para sua plena realização. Um exemplo é a fúria de destruição do meio ambiente, que já era propagada por políticos ligados ao comércio de madeira e ao agronegócio, mas que, até então, era confrontada por grupos ecologistas, brasileiros e internacionais, e por forças políticas internas. Com Bolsonaro, a pauta antiambientalista pôde avançar rumo à destruição de biomas antes considerados intocáveis.

A liderança de Bolsonaro não foi construída no decurso de um longo processo de criação de um movimento, no sentido que essa palavra tem nos imaginários fascistas e populistas. E, no entanto, ele se transformou no líder de um movimento novo ou de uma nova forma de se fazer movimento social, como afirma Miguel Lago no primeiro capítulo. Ele sempre agiu nas beiradas do sistema político, mais próximo de grupos marginais da sociedade do que dos grupos políticos tradicionais. Uma vez no governo, contudo, esposou a ideia de que havia se tornado líder de uma força militar e que todos lhe deviam obediência. Ou seja, ele se vê como líder de uma massa militar hierarquizada, afeita à luta e disposta ao emprego contínuo da violência. Embora seja apenas um capitão que respondeu a um processo na Justiça Militar e quase foi expulso do Exército, usando das prerrogativas do cargo de presidente ele se aproveita do fato de ser constitucionalmente o chefe das Forças Armadas para impor seu mando a todos os oficiais e aos membros mais próximos de seu governo. Ele preencheu vários cargos do Executivo com generais, que não hesita em humilhar. Pretende se blindar contra a sociedade civil servindo-se do fato de que se imagina como líder inconteste de uma massa

152

militar. A disciplina que imagina impor ao que constantemente chama de "meu exército" é fictícia, mas não o impede de agir como se de fato estivesse imune aos acontecimentos internos e externos que afetam o poder presidencial. É essa crença na inviolabilidade de sua liderança que o leva a afrontar as instituições e a agir abertamente contra a preservação da vida dos cidadãos brasileiros. Como líder de uma massa, que identifica com o Exército, Bolsonaro é incapaz de agir dentro dos quadros tradicionais da lei. Para ele, o exercício do poder é sempre algo que se dá nos limites entre a vida e a morte.

Na sequência do texto, Freud avança algumas ideias que ajudam a caminhar na análise do bolsonarismo. Depois de ter mencionado a proximidade entre o líder e as ideias, ele afirma que o objeto de adesão das massas pode ter um caráter negativo. Diz ele:

> O líder ou a ideia condutora poderiam também, por assim dizer, *tornar-se negativos*; o ódio contra uma determinada pessoa ou instituição poderia, da mesma forma, ter um efeito unificante e produzir ligações afetivas semelhantes, tal como a dependência positiva.[51]

Uma possível definição da natureza do bolsonarismo, à luz do pensamento de Freud, pode ser: um movimento que se assemelha a uma massa militar, mas que se estrutura efetivamente na negatividade. Seus adeptos estão ligados pelo ódio às instituições — o STF, o Parlamento, as ONGs, as universidades públicas —, às pessoas e grupos políticos e às ideias republicanas. O caráter negativo da adesão à massa faz com que a morte pareça algo natural, que, como afirma desdenhosamente o presidente, vai atingir a todos. No terreno da pura negatividade, a pandemia não ocupa um lugar especial, pois, assim como na guerra, a morte de um grande número de pessoas nada significa além do cumprimento de uma lei natural. Desse ponto de vista, fica claro por que a pandemia não afeta a adesão de uma parte da população a Bolsonaro. Ligados pelo ódio, os adeptos do presidente não são capazes de quebrar os laços de afeto que os unem ao líder e às suas ideias. A morte, mesmo em larga escala, é pouca coisa diante do projeto negativo de construir uma sociedade sobre as cinzas de um mundo de valores e comportamentos que desprezam.

Christopher Browning mostrou num estudo célebre como cidadãos ordinários podem se converter em assassinos impiedosos sob a égide de uma liderança e de uma ideologia que não conferem valor algum à vida dos seres humanos em geral.[52] Analisando o comportamento de um batalhão da polícia regular alemã entre julho de 1942 e novembro de 1943 na Polônia, ele se interroga como policiais de idade madura puderam massacrar cerca de 83 mil pessoas, em grande parte judeus, indefesas, que não representavam perigo algum para o exército alemão mas eram classificadas como inimigos a serem eliminados em qualquer circunstância. Pierre Vidal-Naquet, citando Primo Levi, recorda que, na sua maioria, os executores das ordens de Adolf Hitler não eram monstros facilmente discerníveis por uma marca qualquer, mas agentes anônimos dos planos de exterminação concebidos por seus mestres.[53] Os integrantes do 101º Batalhão de Reserva da polícia alemã eram homens dessa espécie. Eles assassinaram milhares de pessoas com uma bala na cabeça, sem ter qualquer motivo para odiá-las ou temê-las. Transformaram em realidade o projeto absurdo dos dirigentes nazistas, que queriam refazer as fronteiras do mundo civilizado.

Os partidários de Bolsonaro não cometeram crimes comparáveis aos dos soldados estudados por Browning. A referência a eles, no entanto, ajuda a compreender a adesão de homens e mulheres a um projeto de poder que não demonstra especial apreço pela vida de milhares de brasileiros vítimas das políticas ineficazes de enfrentamento da pandemia. Para os bolsonaristas, a morte de pessoas com as quais não têm laços de afeto é plenamente justificável diante do cumprimento da "lógica de uma ideia" que preside os atos do presidente e de seus próximos e que separa a sociedade entre amigos e inimigos, ainda que poucos saibam dizer como são traçadas essas fronteiras na cabeça dos ideólogos do "movimento". A naturalização da morte é um passo essencial para a apologia da violência que fazem os partidários de Bolsonaro. Não se trata apenas de uma retórica agressiva, como a de alguns grupos radicais, mas de uma pauta efetiva, defendida pela propaganda do movimento e sustentada no Congresso Nacional pelo grupo de parlamentares que apoiam o presidente. Nos dois últimos anos, o Congresso aprovou leis e decretos que facilitam a circulação de armas e dificultam as investigações para a punição de perpetradores de massacres.[54] A menção ao grande estudioso do nazismo ajuda na compreensão da cultura da morte que preside as ações do bolsonarismo no poder.

Resta, por fim, tentar compreender o fenômeno de um regime de destruição do ponto de vista de sua liderança e de seus executores, nosso segundo campo de análise. Esse é, sem dúvida, o problema mais difícil de ser abordado. Para caracterizar o governo Bolsonaro, vários estudiosos lançaram mão de conceitos como biopolítica, necropolítica, Estado suicidário.[55] Eles procuraram mostrar que a abordagem da questão por meio desses conceitos não é incompatível com os estudos das crenças neoliberais, que interessam a amplos setores da inteligência brasileira. Grégoire Chamayou demonstrou que a corrente de pensamento que hoje chamamos de neoliberalismo teve sua origem ligada a pensadores e homens políticos conservadores e autoritários, que não enxergavam distinção entre a intervenção na arena econômica e na arena política.[56] Essa constatação serve para mostrar que o ideário neoliberal deve ser colocado junto a outras teorias políticas listadas acima, para ajudar na compreensão do fenômeno do bolsonarismo. Dentre as interpretações referidas, a do Estado suicidário parece sedutora à primeira vista, pois põe no centro das preocupações o problema da destrutividade do regime bolsonarista. Partindo da comparação com as ações de Hitler no final da guerra, os defensores dessa abordagem realçam o desejo manifesto de destruição por parte do atual governo, que o conduz às portas do genocídio. Analisando a questão a partir desse ângulo, aparentemente ela toca no coração do problema. Essa abordagem, no entanto, resvala para um imaginário apocalíptico, que acaba obscurecendo aspectos mais visíveis das práticas do bolsonarismo. Partindo do tema do genocídio,[57] que tem aparecido não somente entre teóricos da política mas em discursos pronunciados em diversas esferas políticas nacionais e internacionais, a ideia de um Estado que busca se suprimir não se adéqua plenamente ao desejo manifesto de continuar no poder expresso pelas lideranças bolsonaristas. Que as ações de governo de Bolsonaro flertam com a ideia da autodestruição é um fato; que não há um projeto de preservação do poder é outro. Ou seja, o governo atual aponta para a dissolução, mas não a deseja como Hitler em seus últimos dias, pelo simples fato de que Bolsonaro acredita ter um futuro diante de si, mesmo que não consiga dizer exatamente qual é. A ideia do suicídio contém muitos elementos pertinentes para compreender o bolsonarismo em ação, mas as análises que veem na ideia de ditadura a indicação possível para um presente de destruição estão mais próximas da realidade brasileira.

Outra leitura interessante do governo Bolsonaro é sugerida por Miguel Lago, que afirma:

É preciso entender que Bolsonaro não é um presidente, mas o líder de uma revolução, que se expressa no domínio exemplar do universo digital, na condução eficiente de seus seguidores e na formulação de uma cosmovisão que conjuga pré-milenarismo com anarcocapitalismo. Bolsonaro é a vanguarda da primeira verdadeira revolução de nossa história — ainda que a vanguarda, aqui, seja um inédito retrocesso civilizatório.[58]

A referência à revolução é interessante e a ideia de uma "revolução conservadora" faz parte do imaginário do universo político desde o final do século XIX. Bolsonaro se identifica muito diretamente com líderes que são chamados de reacionários, sobretudo por adotar como bandeira o ódio à razão e aos valores do Iluminismo expressos na Declaração dos Direitos do Homem e do Cidadão.[59] Líderes fascistas com muita frequência também se diziam revolucionários. Aplicar essa ideia ao bolsonarismo ajuda a iluminar aspectos fundamentais do poder atual. O caráter superficial da defesa, por exemplo, da noção dos "homens de bem", que alimenta o discurso do presidente mas também de uma franja importante do eleitorado conservador, sobretudo de classe média, está distante da ideia de criação de um "homem novo", que fez parte de muitos discursos revolucionários, inclusive daqueles do fascismo italiano no século passado. Ela fornece um elemento para entender a natureza inovadora do "movimento" em sua especificidade.[60] O que está ausente no bolsonarismo é o desejo de criação do que quer que seja. Bolsonaro aceita a lógica econômica do neoliberalismo e se julga um eleito, mas falta-lhe uma cosmovisão estruturadora do conjunto de suas ações. Mesmo na defesa da regressão a um passado ditatorial, ele não apela para um projeto de país, ou, de forma mais ampla, para um novo mundo, como foi comum em projetos revolucionários do passado, como mostra Heloisa Murgel Starling com seu conceito de utopia regressiva.

Contrariamente ao imaginário neoliberal, cuja aplicação, segundo pensadores anarcocapitalistas como Robert Nozick,[61] conduziria a uma sociedade mais livre, na qual as atividades econômicas teriam seu alicerce na plena liberdade individual, Bolsonaro só fala de liberdade para se contrapor à necessidade de organizar minimamente as ações do Estado num momento em que no mundo inteiro ela se faz presente. O apelo à liberdade do indivíduo encobre, na verdade, a vontade de instalação de uma ditadura de nova feição, projeto nunca explicitamente negado pelo presidente.

Existem na historiografia sobre os regimes totalitários muitos estudos sobre a sedução exercida pelos líderes carismáticos. Historiadores como Ian Kershaw,[62] Peter Longerich[63] e Götz Aly[64] abordaram o problema da adesão de cidadãos de um país a movimentos radicais e exterminadores por meio da investigação da propagação das crenças no seio de sociedades que possuíam estruturas de poder comprometidas com projetos políticos radicais. A Alemanha nazista oferece um campo de pesquisas interessante pela abundância de fontes primárias disponíveis sobre o tema. O que interessa a esses historiadores são os processos de expansão das crenças e seus efeitos na população em geral. Esse ponto é fundamental para pensarmos a relação de Bolsonaro com seus apoiadores de todas as classes sociais.

Götz Aly chama a atenção para o fato de que, para além da ideologia, o nazismo foi uma máquina de espoliação. Inicialmente ela se voltou contra os "inimigos do Estado", os judeus em particular, para, na guerra, se transformar num mecanismo eficaz de apropriação de bens dos países conquistados. Por isso, afirma o historiador: "É preciso ultrapassar o postulado historiográfico, ainda muito difundido, que consiste em separar a crueldade evidente do nazismo das ações políticas que tornaram esse regime tão sedutor para a maioria dos alemães".[65] Por meio de análises detalhadas, Aly mostra que o nazismo se preocupou desde o início em contentar certas aspirações populares e em oferecer compensações materiais para uma população que havia vivido anos difíceis desde o final da Primeira Guerra Mundial.[66] Com isso, buscou consolidar o poder conquistado em 1933 também por intermédio do que podemos chamar de "sedução econômica". Mesmo durante a Segunda Guerra, o regime evitou tributar excessivamente os rendimentos dos mais pobres,[67] consciente de que o apoio das classes menos favorecidas era essencial para a manutenção do poder. As camadas mais ricas da população pagaram mais impostos no curso da guerra e as nações ocupadas foram tratadas como fontes inesgotáveis para suprir a população alemã e para ajudar no esforço de guerra.[68] Sempre que possível, o nazismo se comportou como um regime atento à sorte material do povo, já que assegurar condições econômicas razoáveis para amplas parcelas da população podia garantir o apoio mesmo aos planos mais mirabolantes. Isso nem sempre produziu efeitos concretos, mas esteve todo o tempo no horizonte das preocupações dos dirigentes totalitários.

As pesquisas de Aly mostram de maneira detalhada como as benesses econômicas foram importantes para a manutenção do poder de Hitler. Tomando cuidado para não recorrer a generalizações apressadas, pode-se dizer que regimes fascistas, mas também os populistas, procuram agregar ao império da ideologia o reino do conforto material. A adesão a um projeto ideológico pode ser muito importante para a conquista do poder, mas não é suficiente para que ele se mantenha. Instalado na direção do Estado, o líder fascista e seus apoiadores são obrigados a responder às demandas de algumas faixas da sociedade que não se contentam com ideias vagas, ainda que continuem a manifesar vez por outra seu apoio às políticas defendidas pela liderança. Dito de outra maneira, regimes populistas e fascistas precisam recorrer à "sedução econômica" para perdurar. Nem sempre eles seguem essa via, mas precisam considerá-la uma opção se não quiserem ver declinar a adesão às ideias do regime.

O governo Bolsonaro é um caso interessante. Nos seus mais de três anos de poder, ele não ofereceu melhores condições de vida para a população brasileira. O auxílio emergencial, que concedeu aos mais pobres em 2020, certamente contribuiu para sua popularidade. O ministro da Economia, Paulo Guedes, nunca escondeu sua oposição à concessão do auxílio nos valores adotados, recorrendo ao argumento, típico dos economistas neoliberais, de que ele ameaçava o equilíbrio fiscal. Em sua maneira de raciocinar, a pandemia é um mal que aflige todo o planeta, mas isso não justifica deixar de lado as regras de ferro da ortodoxia liberal à qual se apega. Sempre se pode dizer que Bolsonaro nunca contrariou frontalmente os interesses do grande capital e que disso deriva um dos esteios de seu poder. Mas isso não mostra como ele pretende garantir o apoio da parte mais pobre da população. Refletindo a partir dos estudos de Aly, pode-se dizer que o presidente se vale muito pouco da "sedução econômica" para se manter no poder, o que é uma novidade entre líderes populistas da atualidade e líderes fascistas do passado. O enigma de sua estratégia está na vontade de combinar o traço populista e fascista de seu governo com o desejo de implementação de uma política autoritária de inspiração neoliberal. O presidente e seu ministro da Economia formam um estranho par em que, sem se separar, parecem visar tipos diferentes de autoritarismo.

Ainda no intento de entender os regimes fascistas em seu funcionamento cotidiano e não apenas por meio das ideias que defendem e propagam, vale a pena prestar atenção aos trabalhos de Longerich e de Kershaw. O primeiro se dedicou a compreender como uma parte da população alemã pôde, mesmo depois do final da guerra e diante da evidência da existência do Holocausto, continuar a afirmar que nada sabia do que estava acontecendo nos campos de concentração situados na Alemanha e, principalmente, nos centros de extermínio do Leste Europeu. Como mostra o autor, o exame de fontes que abrangem peças de propaganda oficial antissemita, jornais alinhados com o regime nazista e correspondência privada, sobretudo de soldados no front, demonstra que a alegação de total desconhecimento dos fatos referentes à exterminação dos judeus era simplesmente falsa. O ponto mais importante é o desvelamento das estratégias de ocultação e revelação que guiava o poder nazista, quando se tratava de abordar a "questão judaica". Hitler nunca escondeu seu desejo de aniquilar a "raça judaica". Num discurso, chamado mais tarde pela propaganda oficial de "profecia", proferido no dia 30 de janeiro de 1939 no Reichstag, ele previu que, se uma guerra viesse a ocorrer, ele seria obrigado a exterminar todos os judeus europeus.[69] Essa fala foi largamente difundida pela imprensa, o que anula qualquer possibilidade de que parte significativa da população pudesse desconhecer as intenções do regime. Mesmo diante de evidências factuais tão extensas, a negação do que ocorria na Alemanha foi utilizada de forma ampla pelos que aderiram ao regime, mas também por aqueles que eram críticos pouco ativos de suas ações.

Longerich resume a dificuldade de formar uma verdadeira opinião pública num regime totalitário, lembrando que para tanto é necessário haver liberdade de expressão e de informação e espaço para o contraditório. Nada disso era possível na Alemanha nazista.[70] A negação da realidade passa por esses canais, mas também depende da implantação de mecanismos de controle que impeçam a formação de opiniões divergentes inclusive no plano da vida privada. Ao longo de seu estudo, ele demonstra que o processo de controle da opinião nunca é total, mas implica uma ação contínua do Estado pelo controle das falas e crenças. Nessa batalha, observa o historiador:

De qualquer maneira, a percepção das perseguições antissemitas era sempre tributária desses modelos de interpretação e sistemas de referências tradicionais. Ela permanecia estática, incapaz de mensurar a nova dimensão qualitativa das perseguições orquestradas pelos nazistas e não podia, pois, servir de base para a criação de um discurso antagônico crítico.[71]

O governo Bolsonaro tem se caracterizado pela negação da gravidade da pandemia e dos efeitos de suas políticas que devastam, por exemplo, as universidades públicas e as instituições de pesquisa. Ainda que não se possa afirmar que o Brasil vive hoje sob um regime fascista, as batalhas travadas pelo governo no plano da opinião pública sinalizam claramente para isso. Segundo a lógica exposta por Longerich, essa é uma batalha permanente, que se estende do momento da conquista do poder até o momento de sua conversão em um regime que nega a liberdade. Nessa lógica, o "negacionismo" é fruto de uma ideologia, mas também, sobretudo, de uma luta contínua pelo domínio do espaço das opiniões. Ela se acopla ao movimento contínuo que caracteriza o exercício de um poder que mira a ocupação total da arena pública. Como sugere o historiador, a luta pelo domínio da opinião é dinâmica, do ponto de vista do poder. Ela se dá por meio da propaganda, da destruição das instituições — que podem ser o celeiro de visões divergentes —, da intimidação e da construção de mecanismos de contenção das oposições que venham a surgir.

Do ponto de vista da população, que é alvo dessas políticas, o efeito conjugado da ideologia e da intimidação tem outra configuração. De um lado, ele isola progressivamente os indivíduos, impedindo-os de se agregarem em grupos organizados de oposição. De outro lado, sobretudo para os que aderem ao novo poder ou simplesmente permanecem indiferentes, a impregnação ideológica age como um freio, como uma ferramenta que fixa a percepção das pessoas numa explicação estática, que parece infensa à realidade e a seu movimento. No caso do governo Bolsonaro, isso é visível na incapacidade de seus apoiadores de diversos estratos sociais aceitarem a tragédia da pandemia e das ações do governo em vários setores. Mesmo com o número de mortos ultrapassando meio milhão de pessoas, os bolsonaristas continuam a afirmar que a doença é pouco letal, que o tratamento com cloroquina é eficaz e que as dificuldades enfrentadas pelo país são fruto exclusivo de administrações passadas, em particular as do PT. O "negacionismo", portanto, não é fruto da limitação intelectual dos integrantes do governo e dos apoiadores do presidente. É uma ação contínua de propagação ideológica, ainda que as ideias sejam desarticuladas e inconsistentes. Isso se casa com o desejo manifesto de instauração de uma ditadura. Para retomar o título da obra de Longerich, não é possível dizer que não se sabe quais são os desígnios do bolsonarismo. Eles se mostram à luz do dia. Essa é uma estratégia de construção dinâmica do poder total, que se aproveita da progressiva destruição da arena política e da opinião pública.

Kershaw, um dos mais importantes especialistas em nazismo da atualidade, foi pioneiro no estudo da "sedução econômica". Para ele, essa estratégia de convencimento e de adesão da população ao projeto nazista funcionou apenas em parte no caso da Baviera, que ele investigou de forma sistemática.[72] No entanto, o historiador alerta que, contrariamente a alguns trabalhos que supõem uma evolução radical da sociedade alemã no período de 1933 a 1945, a análise dos dados econômicos do período mostra que a propaganda do regime foi capaz de alterar a seu favor a percepção que as pessoas tinham da situação econômica do país e de si próprias, mas não alterou de fato as condições de vida de grande parte das classes mais pobres. Ao contrário, conclui Kershaw, "não podemos deixar de nos surpreender, na quase totalidade das diversas camadas da população, com a amplitude da desilusão e do descontentamento enraizado na experiência econômica cotidiana".[73] As conclusões de Kershaw apontam para uma via de análise ligeiramente diferente daquela de Aly, sem, no entanto, se opor a ela. A verdade, segundo o historiador britânico, é que o descontentamento dos diversos grupos sociais com a política econômica, apesar das diferenças de postura entre os camponeses, a pequena burguesia e os operários — grupo mais perseguido pelos nazistas —, raramente ou quase nunca gestou uma oposição de ordem política. "A protestação", afirma Kershaw, "não tinha necessariamente motivação política. O regime é que a percebia e interpretava como um ato político."[74] No afã de ganhar o apoio da população para levar a cabo seus projetos de conquista de outros territórios e de exterminação dos judeus e de outros grupos perseguidos, Hitler e seus seguidores agiram tanto no plano econômico quanto no terreno ideológico. Ganhar a batalha da opinião era essencial. A "sedução econômica" tinha um papel importante na luta, mas ela devia ser acompanhada o tempo todo pelos combates ideológicos, que davam sentido às ações em todos os outros planos da existência. Para os nazistas, a opinião podia se transformar num terreno perigoso de disputa quando as condições materiais da existência começavam a se deteriorar, como foi o caso a partir de 1943.[75]

Bolsonaro parece esposar essa via, pois, em vez de buscar melhorar o combate aos efeitos da pandemia, limita-se a criticar os políticos que, segundo ele, ao defender as ações de limitação do convívio social, destroem a economia e o conforto da população. Tudo se passa como se o combate à pandemia fosse o culpado pelos efeitos desastrosos que se abatem sobre a população brasileira. A seus olhos, a crise econômica é real, mas deriva das ações dos que querem seguir medidas sanitárias comprovadamente eficazes para conter a propagação do vírus, e não de sua incapacidade de orquestrar políticas racionais e coordenadas para a condução do país no momento difícil que está atravessando. Politizar a crise é uma maneira de fazer face à contestação de seu poder, que pode nascer pelos resultados das decisões que toma a cada dia e que produzem efeitos nefastos em toda a população. Consciente do papel da crise econômica, o presidente privilegia o combate ideológico, numa estratégia que poderíamos chamar de "*fuite en avant*" [fuga contínua]. Nessa corrida desenfreada, a opinião é simultaneamente levada a sério e deixada de lado. Todo abalo em sua popularidade parece afetar Bolsonaro. Ao mesmo tempo, ele não ouve senão seus assessores e familiares mais próximos e abdica de escutar qualquer opinião, venha de onde vier, que lhe seja contrária ou crítica. A opinião é um objetivo a ser conquistado, mas, no fundo, é um lugar que importa apenas pelos efeitos negativos que ela pode ter no movimento de afirmação de um poder que se quer ditatorial.

CONCLUSÃO

À luz das considerações feitas até aqui, é possível dizer que a ferramenta de destruição operada por Bolsonaro, posta em marcha pelo desejo de desorganização da esfera política, é *a produção voluntária do caos*. Esse modus operandi é difícil de ser apreendido, exatamente por não possuir uma direção clara, que costuma ser parte de ideologias extremistas. O presidente se guia por ideias vagas, ações desordenadas, que com frequência se contradizem. Como percebiam os atores fascistas do começo do século XX, é preciso manter o movimento contínuo, para que não se perca a dinâmica da ação. No caso do bolsonarismo, as ideias que o orientam são tão pouco organizadas que o movimento contínuo não aponta para um destino qualquer, ainda que meramente fantasista. A ausência de um télos, um objetivo, o fato de que as ações não sejam a expressão de nenhum projeto de futuro, faz com que a única face visível do regime seja a da destruição. Como observou André Duarte, isso não implica que "o sonho de Bolsonaro" seja a "destruição de tudo e de todos".[76] Ainda assim, os únicos resultados palpáveis são os da destruição. A defesa que o presidente fez da manutenção das atividades econômicas a todo preço no auge de uma pandemia, atitude que está em plena sintonia com a percepção de como deve ser o funcionamento de uma sociedade guiada pelo ideário neoliberal, encontra seu limite no fato de que, para ser implementada, é preciso que muitas vidas se percam, o que dificilmente favorece o funcionamento de qualquer economia. Entre a organização da economia segundo certos parâmetros e a adoção de medidas sem nenhuma espécie de racionalidade, inclusive econômica, opta-se sempre pela ação que traga maior desorganização. A noção de interesse bem compreendido, tal como formulou Tocqueville, perde sua capacidade explicativa diante da realidade das práticas bolsonaristas de gestão da coisa pública.[77]

Talvez pareça contraditório falar de uma política do caos, ou de uma racionalidade política do caos. No entanto, o que provocou o aparecimento de um regime de dissolução da esfera política não foi a adesão a uma pauta ideológica clara, mas o fato de que a falta de coerência das ideias não impediu o sucesso da estratégia de arregimentação de adeptos. O governo age como um elemento catalisador do caos e da destruição. Esses são processos que se beneficiam da entropia, que é um dos elementos constitutivos da história da democracia no Brasil. Com efeito, ao longo da história republicana brasileira, os regimes democráticos enfrentaram grandes dificuldades para se conservar. Esse movimento de degradação de valores e das instituições foi influenciado por fatores externos, como o apoio de potências estrangeiras a golpes de Estado, a exemplo do que aconteceu em 1964 com o apoio dos Estados Unidos, mas contou, sobretudo, com a força de desorganização da arena pública, que sempre prevaleceu ao longo dos anos. A defesa

166

intransigente de interesses particulares, vinculados aos grandes agentes econômicos e corporações, a persistência da desigualdade de condições aliada à continuidade da exclusão ligada à herança escravista, a impossibilidade de afirmar o estado de direito como algo que diz respeito à totalidade da população, e não só às suas parcelas privilegiadas, fizeram com que a república e seus valores nunca fossem plenamente parte de nossas experiências democráticas. Fundado, portanto, em elementos conhecidos, que sempre ameaçaram a democracia no Brasil, Bolsonaro encontrou um terreno fértil para levar a cabo sua política de desagregação do tecido social e político.

O resultado de um processo contínuo dessa natureza é difícil de ser antecipado, mas aponta para o risco do que Maquiavel chama de corrupção da república. Essa maneira de pensar o problema não tem a ver com a corrupção concebida como apropriação privada de bens públicos, em particular por agentes do Estado. Ela aponta para o risco que corremos quando o bem público deixa de ser o referencial das ações públicas para se converter num estorvo, que deve ser afastado para que prevaleçam os interesses particulares. Maquiavel resume o impasse dos regimes em vias de se corromper dizendo:

> Tomo a corrupção em seu grau máximo [*una città corrottissima*] a fim de considerá-la em seu ponto mais difícil. De fato, não há nem leis nem Constituição que permitam frear uma corrupção universal, pois, como os bons costumes para se manterem precisam de leis, as leis, por seu lado, para serem respeitadas precisam de bons costumes.[78]

O pensador florentino sempre acreditou que, ultrapassados certos limites na degradação das instituições e no comportamento cívico dos habitantes de uma república, é quase impossível retornar ao estágio anterior no qual as leis e a liberdade são inteiramente respeitadas. A ciência política atual também tem dificuldades para apontar um caminho para a recuperação das democracias em vias de serem corrompidas (no sentido maquiavelista do termo) e, no mais das vezes, se limita a tratar o problema do ponto de vista da organização institucional e das teorias constitucionais. O que Maquiavel nos ajuda a compreender é que as práticas de destruição da república, a corrupção geral do corpo político, podem nos colocar diante de impasses difíceis, ou quase impossíveis, de serem superados. As práticas do governo Bolsonaro não são as únicas que colaboram para a destruição dos valores e práticas republicanas entre nós. A incapacidade demonstrada até hoje por nossas elites políticas e econômicas em colaborar no enfrentamento das desigualdades estruturais que minam nossa sociedade também contribui para a corrupção dos modos políticos e para o funcionamento precário das instituições públicas. As práticas do bolsonarismo, no entanto, agudizam de tal maneira os processos de corrupção da vida pública que fazem temer que possamos estar à beira de um colapso total dos fundamentos da democracia e da república entre nós.

É a aparente falta de direção das ações de Bolsonaro e de seus seguidores que faz com que se possa lançar mão ao mesmo tempo de teorias sobre o fascismo e sobre o populismo para tentar compreender o governo atual e o movimento que o apoia, sem que ele se encaixe de todo nos modelos teóricos mais tradicionais. O *regime de produção contínua do caos* tem como resultado a destruição de vidas e de instituições sem construir um modelo de governo capaz de durar. Nesse sentido, as diversas abordagens mencionadas ao longo deste livro ajudam a alargar a compreensão de um processo que, por estar ainda em curso, não desvela todos os significados de sua existência. Para concluir, mesmo assumindo o caráter parcial e incompleto das análises, pode-se afirmar que o Brasil está vivendo uma experiência de governo que, flertando com o fascismo, com formas autoritárias do populismo e com a entropia que mina a democracia brasileira desde sua origem, aponta para a construção de um movimento de implantação do caos com suas consequências destrutivas. Esse quadro comporta grande originalidade. Como observou o filósofo Hugo Amaral, conceitos como niilismo e ressentimento podem ser úteis — como o foram para estudar certos aspectos dos regimes fascistas — para abordar o caráter desconcertante e ao mesmo tempo original do governo Bolsonaro. Esses instrumentos teóricos, no entanto, não contribuem, sozinhos, para desvendar os meandros de um poder calcado na destruição, sob pena de deixar de lado a especificidade de suas práticas.

Ainda é cedo para dizer se o bolsonarismo vai exigir a formulação de novos conceitos para compreendê-lo no futuro ou se o leque de teorias mobilizado até aqui acabará por oferecer uma explicação convincente de seu desenvolvimento. Em qualquer hipótese, é seu caráter destrutivo que deve ser colocado no centro, ao lado das consequências trágicas que ele tem acarretado para a população brasileira. Ao minar os fundamentos da democracia republicana, desejada pelos constituintes de 1988, o bolsonarismo hipoteca o futuro do país e de todas as gerações submetidas ao fogo destruidor e violento de suas repetidas práticas de negação da vida.

NOTAS

1. Erico Verissimo, *O senhor embaixador*. São Paulo: Companhia das Letras, 2009.

2. O jornal *Folha de S.Paulo* mostra, em sua edição de 14 de fevereiro de 2021, que o investimento em educação recuou 47% nos dois primeiros anos do governo Bolsonaro com relação ao governo anterior. Ver "Sob Bolsonaro, gasto do MEC com investimentos é o menor desde 2015", disponível em: <www1.folha.uol.com.br/educacao/2021/02/sob-bolsonaro-gasto-do-mec-com-investimentos-e-o-menor-desde-2015.shtml>. No que diz respeito à pesquisa, a Academia

Brasileira de Ciências estima, em seu boletim de 5 de janeiro de 2021, que órgãos de fomento, como o Conselho Nacional de Desenvolvimento Científico e Tecnológico (CNPq) e a Coordenação de Aperfeiçoamento de Pessoal de Nível Superior (Capes), sofreram redução drástica de suas verbas. O CNPq recebeu em 2020 apenas 18% do valor alocado no ano anterior. Já a Capes sofreu um corte de 1,2 bilhão no orçamento anterior, que chegava a 4,2 bilhões de reais. No que se refere ao meio ambiente, o G1 afirma, em 6 de agosto de 2021, que até 30 de julho a área desmatada da Amazônia foi de 8712 quilômetros quadrados, recorde só inferior ao do primeiro ano do governo Bolsonaro. Ver "Alertas de desmate somam 1416 quilômetros quadrados de área em julho...", disponível em: <g1.globo.com/natureza/noticia/2021/08/06/julho-alertas-desmatamento-temporada-2020-2021.ghtml> Acesso em: 9 fev. 2022.

3. Miguel Lago, "Há menos mar e terra entre Manaus e Dachau do que parece". A Hora da Ciência, 3 jul. 2021. Disponível em: <blogs.oglobo.globo.com/a-hora-da-ciencia/post/ha-menos-mar-e-terra-entre-manaus-e-dachau-do--que-parece.html> Acesso em: 9 fev. 2022.

4. Examinei o problema dos golpes de Estado em Newton Bignotto, *Golpe de Estado: História de uma ideia* (Rio de Janeiro: Bazar do Tempo, 2021).

5. Newton Bignotto, *O Brasil à procura da democracia*. Rio de Janeiro: Bazar do Tempo, 2020.

6. Serge Berstein e Pierre Milza, *Dictionnaire des fascismes et du nazisme*. Paris: Perrin, 2014, v. i, pp. 320-1.

7. Emilio Gentile, *Qu'Est-ce que le Fascisme?: Histoire et interprétation*. Paris: Gallimard, 2004. Reproduzo aqui uma parte das análises que fiz em Newton Bignotto, *O Brasil à procura da democracia*, op. cit., pp. 233-43.

8. Newton Bignotto, *O Brasil à procura da democracia*, op. cit., p. 120.

9. Ibid., p. 121.

10. Ibid.

11. Ibid., pp. 121-2.

12. Robert O. Paxton, *Le Fascisme en action*. Paris: Seuil, 2004, p. 368.

13. Pierre Milza e Serge Berstein, *Le Fascisme italien: 1919-1945*. Paris: Seuil, 1980, pp. 86-106.

14. Renzo De Felice. *Brève Histoire du fascisme*. Paris: Audibert, 2002, p. 26.

15. Pierre Milza e Serge Berstein, *Le Fascisme italien: 1919-1945*, op. cit., p. 123.

16. Pierre Rosanvallon, *Le Siècle du populisme: Histoire, théorie, critique*. Paris: Seuil, 2020.

17. Esse aspecto foi bem observado por Miguel Lago em "Batalhadores do Brasil..." (*piauí*, Rio de Janeiro, n. 176, maio 2021).

18. Como mostrou Leonardo Martins em The Intercept Brasil, em 27 de

janeiro de 2021, o Conselho Federal de Medicina levou nove meses para se pronunciar sobre os falsos tratamentos para covid-19 estimulados pelo governo federal. Ver "Ex-conselheiros contam por que o CFM não ousa desmentir governo sobre falsos tratamentos para Covid-19", disponível em: <theintercept. com/2021/01/27/cfm-nao-ousa-desmentir-governo-sobre-falsos-tratamentos--para-covid-19/>. Em plena pandemia, como noticiou o BBC News Brasil em 3 de setembro de 2020, um grupo de médicos foi ao Palácio do Planalto em 24 de agosto de 2020 para apoiar medidas sabidamente ineficazes tomadas pelo presidente para combater os efeitos da doença. Ver Mariana Alvim, "O grupo dos '10 mil' médicos pró-cloroquina que se aproximou de Bolsonaro com 'evento histórico'", disponível em: <www.bbc.com/portuguese/brasil-53994532>. Por outro lado, muitos grupos e associações médicas — como a Associação Médica Brasileira, depois da posse de seu novo presidente, o médico César Eduardo Fernandes — adotaram uma postura crítica à condução do combate à pandemia pelo governo federal. Pesquisa: Marcela Telles e Valquíria Ferreira, Projeto República, Universidade Federal de Minas Gerais (UFMG.)

19. Para se ter uma ideia da presença das Forças Armadas na esfera política, basta lembrar que 6157 militares da ativa e da reserva estão em cargos civis no governo do presidente Jair Bolsonaro. Passaram por cargos comissionados e estiveram presentes em ao menos dezoito órgãos, entre eles os ministérios da Saúde, Economia, Família e Minas e Energia, 2643 militares. Esse número inclui cerca de 2 mil militares da reserva contratados temporariamente para ajudar a reduzir a fila de atendimento nas agências do Instituto Nacional do Seguro Social (INSS), além de outras centenas de cargos de menor expressão, nos estados, sem relação com a decisão governamental de requisitar militares para cargos de assessoramento e chefia. O número de militares que acumulam cargos de profissionais da saúde passou de 718, em 2018, para 1249, em 2020. Em 2018, último ano do governo Temer, havia 2765 militares em cargos civis no Executivo federal. Fontes: Relatório do Tribunal de Contas da União (TCU), jul. 2020; *Folha de S.Paulo*, 18 jul. 2020; *O Estado de S. Paulo*, 17 jul. 2020. Relatório do Ministério da Defesa, jul. 2020: 3029 militares da ativa (não considera reserva). Pesquisa: Marcela Telles e Valquíria Ferreira, Projeto República, UFMG.

20. Robert O. Paxton, *Le Fascisme en action*, op. cit., p. 365.

21. Ibid.

22. Helton Adverse, "A credulidade na política e a persistência do fascismo". In: Adauto Novaes (Org.). *Ainda sob a tempestade*. São Paulo: Ed. Sesc, 2020, pp. 288-9.

23. Ibid., p. 288.

24. Robert Conquest, *Sanglantes Moissons*. Paris: Robert Laffont, 2011.

25. Em torno de 25% da sociedade, segundo pesquisa do Datafolha divulgada em 13 de maio de 2021. Esse número se repetiu na Pesquisa Atlas do período entre 30 de agosto de 2021 e 4 de setembro de 2021; nela a reprovação global do governo alcançou 63,8%.

26. Pierre Rosanvallon, *Le Siècle du populisme: Histoire, théorie, critique*, op. cit., p. 17.

27. Ibid., p. 18.

28. Ibid.

29. Ibid., p. 82.

30. Ibid., p. 26.

31. Ibid., p. 57.

32. Roger Eatwell e Matthew Goodwin, *Nacional-populismo: A revolta contra a democracia liberal*. Rio de Janeiro: Record, 2020.

33. Margaret Canovan, *Populism*. Nova York: Harcourt Brace Jovanovich, 1981.

34. Sérgio Abranches, *O tempo dos governantes incidentais*. São Paulo: Companhia das Letras, 2020.

35. Patrick Lagoueyte, *Le Coup d'État du 2 décembre*. Paris: CNRS, 2016.

36. Pierre Rosanvallon, *La Démocratie inachevée*. Paris: Gallimard, 2000. p. 183.

37. Ibid., p. 183.

38. Ibid., p. 191.

39. Ibid., p. 193.

40. Ibid., p. 201.

41. Ibid., p. 217.

42. Achille Mbembe, *Politiques de l'inimitié*. Paris: La Découverte, 2016.

43. Nicolas Werth, *Le Terreur et le désarroi: Staline et son système*. Paris: Perrin, 2007, pp. 264-99.

44. Pesquisa Genial-Quaest.

45. Sigmund Freud, "Psicologia das massas e análise do eu". In: *Cultura, sociedade, religião: O mal-estar na cultura e outros ensaios*. Belo Horizonte: Autêntica, 2020, pp. 137-225. Para as citações em francês, ver Sigmund Freud, *Psychologie de masse et analyse du moi* (Paris: Points, 2014).

46. Id., *Psicologia das massas e análise do eu*, op. cit., p. 166.

47. Ibid., p. 165.

48. Ibid., p. 168.

49. Ibid., p. 173.

50. Ibid.

51. Ibid., grifo nosso.

52. Christopher Browning, *Des Hommes ordinaires*. Paris: Les Belles Lettres, 1994.

53. Ibid., p. xxi.

54. Os decretos n. 10 627, 10 628, 10 629 e 10 630, que alteram a legislação que regulamenta a posse e o porte de armas, como o Estatuto do Desarmamento (lei n. 10 826/2003), todos publicados em 12 de fevereiro de 2021, tornam possível o armamento de cidadãos comuns num nível alarmante. Mesmo contestados e passíveis de mudanças futuras, os decretos mostram a natureza da política de armamento implementada pelo governo atual.

55. O conceito faz referência, em primeiro lugar, aos momentos finais do regime nazista, quando Hitler afirmou que a Alemanha não deveria sobreviver à própria derrota. No Brasil, Safatle tem recorrido a esse conceito para descrever o comportamento de Bolsonaro. Ver Vladimir Safatle, "Para além da necropolítica: Considerações sobre a gênese e os efeitos do Estado suicidário" (A Terra É Redonda, 23 out. 2020), disponível em: <aterraeredonda.com.br/para-alem-da--necropolitica/?doing_wp_cron=1641931479.49538993835449218750000>. Acesso em: 9 fev. 2022.

56. Grégoire Chamayou, "1932, nascimento do liberalismo autoritário". In: Adauto Novaes (Org.). *Ainda sob a tempestade*, op. cit., p. 209-66. Grégoire Chamayou, *A sociedade ingovernável: A genealogia do liberalismo autoritário*. São Paulo: Ubu, 2020.

57. Sobre esse tema, ver Jacques Semelin, *Purifier et détruire* (Paris: Seuil, 2005).

58. Miguel Lago, "Batalhadores do Brasil...", op. cit., p. 195.

59. Zeev Sternhell, *Les Anti-Lumières: Une tradition du XVIIIe siècle à la Guerre Froide*. Paris: Gallimard, 2010.

60. George L. Mosse, *The Fascist Revolution: Toward a General Theory of Fascism*. Nova York: Howard Fertig, 1999.

61. Robert Nozick, *Anarquia, Estado e utopia*. São Paulo: WMF Martins Fontes, 2011.

62. Ian Kershaw, *L'Opinion allemande sous le nazisme*. Paris: CNRS, 2010.

63. Peter Longerich, *"Nous Ne Savions Pas": Les Allemands et la solution finale. 1933-1945*. Paris: Heloise D'Ormesson, 2008.

64. Götz Aly, *Comment Hitler a acheté les allemands*. Paris: Flammarion, 2008.

65. Ibid., p. 27.

66. Ibid., p. 52.

67. Ibid., p. 79.

68. Ibid., p. 64.

69. Peter Longerich, *"Nous Ne Savions Pas": Les Allemands et la solution finale. 1933-1945*, op. cit., p. 194.

70. Ibid., p. 32.

71. Ibid., p. 35.

72. Ian Kershaw, *L'Opinion allemande sous le nazisme*, op. cit., pp. 191-238.

73. Ibid., p. 530.

74. Ibid., p. 531.

75. Ibid., p. 542.

76. André Duarte, *A pandemia e o pandemônio: Ensaio sobre a crise da democracia brasileira*. Rio de Janeiro: Bazar do Tempo, p. 111.

77. Marcelo Gantus Jasmin, "Interesse bem compreendido e virtude em *A democracia na América*". In: Newton Bignotto (Org.). *Pensar a República*. Belo Horizonte: Ed. UFMG, 2000, pp. 71-86. Paula Gabriela Mendes Lima, *Do interesse à paixão na política*. Curitiba: março, 2020.

78. Niccolò Machiavelli, "Discorsi sopra la prima deca di Tito Livio". In: *Opere*. Paris: Gallimard; Turim: Einaudi, 1997, I, 18, p. 245.

ESTA OBRA FOI COMPOSTA EM MINION PELO ESTÚDIO O.L.M. / FLAVIO PERALTA
E IMPRESSA EM OFSETE PELA LIS GRÁFICA SOBRE PAPEL PÓLEN SOFT
DA SUZANO S.A. PARA A EDITORA SCHWARCZ EM MARÇO DE 2022

A marca FSC® é a garantia de que a madeira utilizada na fabricação do papel deste livro provém de florestas que foram gerenciadas de maneira ambientalmente correta, socialmente justa e economicamente viável, além de outras fontes de origem controlada.